Facebook marketing

for dummies®

Facebook marketing

for dummies®

Luca Conti
Cristiano Carriero

EDITORE ULRICO HOEPLI MILANO

Dedica

A mia madre, perché è un esempio di forza, coraggio e volontà.

C.C.

Ringraziamenti

Un libro è un progetto che viene concepito molti mesi prima di prendere vita e di finire nelle vostre mani. Il primo atto di fiducia è dell'editore, che crede nell'idea e la sostiene e di questo sono grato ad Andrea Sparacino, Maurizio Vedovati e Giovanni Hoepli. Preso dalla quotidianità e dagli impegni di lavoro, senza la preziosa collaborazione di Cristiano Carriero, che ha condiviso questo percorso, la qualità e i tempi di realizzazione sarebbero stati molto diversi. Grazie Cristiano! Il risultato finale è frutto anche della professionalità di Susanna Pedone e Sara Taglialegne, che meritano un ulteriore ringraziamento.

L.C.

A Luca Conti, per la fiducia che ripone costantemente in me. A Maurizio Vedovati, Andrea Sparacino e Giovanni Hoepli. A Valentina Fumo per la professionalità e il supporto. Ad Alessio Fasano, Tommaso Calascibetta e Viviana Guarini. A Francesco Antonacci, amico e fratello. A Stefania Galeazzi perché in questi mesi non si è mai dimenticata di me, anche nei momenti difficili. A Daniele Ricciarelli, per le colazioni, i caffè, i passaggi e per tutto quello che fa per me.

C.C.

A colpo d'occhio

Sommario

For Dummies è una collana di libri di grande successo pensata per "imbranati". Non c'è né da offendersi, né da preoccuparsi, perché tutti noi, autori di questo libro inclusi, siamo un po' tonti andando al di là dei temi di cui siamo più appassionati o che sono entrati a far parte del nostro bagaglio formativo nel tempo. A chi non passa ore online come noi, il marketing su Facebook può apparire come qualcosa solo per addetti ai lavori o aziende con ampi portafogli. Non è così e questo libro ha esattamente lo scopo di azzerare le barriere d'accesso e permettere a tutti di cogliere i frutti del marketing su Facebook.

Prendere questo libro in mano e cominciare a leggerlo è stata un'ottima scelta, complimenti! Da questo momento state percorrendo la strada che dall'ignoranza porta alla conoscenza. Dopo aver scritto altri titoli per la collana *Web & Marketing 2.0*, abbiamo cercato questa volta di seguire lo stile e gli intendimenti della collana *For Dummies*: scrittura semplice, qualche battuta qua e là, concetti espressi in modo chiaro, senza prendersi troppo sul serio. L'obiettivo è uno: mettere il lettore nelle condizioni di comprendere strumenti, tecniche e strategie nel marketing su Facebook e applicarli per raggiungere il successo. Personale, per la propria attività professionale o per i propri clienti poco importa.

Questo libro può essere letto in sequenza, se volete essere guidati nella conoscenza di tutte le funzioni base di Facebook, dalle più note a quelle più avanzate, oppure può essere letto a partire dai capitoli che contengono gli argomenti su cui vi sentite meno preparati e che volete meglio approfondire. In ogni caso, il consiglio è di tenerlo a portata di mano, a fianco del vostro computer o tablet, pronto per essere consultato in caso di necessità.

Questo è un libro da leggere, ma soprattutto da usare.

Presupposti per la lettura

Ogni qualvolta un autore scrive un libro, lo scrive per un pubblico a cui vuole rivolgersi. Spesso questo pubblico è composto da lettori con esigenze diverse e competenze diverse, eterogeneo quanto accomunato da un interesse specifico. Il nostro vuole conoscere Facebook e utilizzarlo con successo per raggiungere i suoi obiettivi di business. Quelle che seguono sono le supposizioni che abbiamo fatto:

- avete certamente un profilo personale su Facebook e magari avete già provato ad aprire una Pagina per la vostra attività professionale;
- avete un tablet o un computer, oltre a uno smartphone, con il quale collegarvi a Internet, navigare e sapete quindi come usare un browser (Google Chrome, Internet Explorer, Safari, Firefox);
- gestite il marketing di una azienda, la vostra o di un vostro cliente, o avete una attività commerciale o una professione che può avvantaggiarsi della comunicazione online per raggiungere un pubblico più o meno vasto;
- vi piace comunicare, siete curiosi della rete, navigate e leggete tutto quello che potete, siete attivi sui social network (non necessariamente a livello personale) e vorreste diventare più professionali nell'uso di Facebook.

Come è organizzato questo libro

Questo libro è organizzato in quattro parti. Se siete arrivati da poco su Facebook o il vostro livello di competenza si limita all'uso personale della piattaforma, il nostro consiglio è di cominciare dal primo capitolo e andare in ordine, fino alla fine.

Se avete già acquisito esperienza con la pratica, potreste saltare la prima parte e cominciare a leggere le parti successive, scegliendo i capitoli che trattano argomenti a voi meno noti, senza un ordine predefinito.

La parte finale è utile a tutti, come ripasso generale, con spunti da mettere in pratica subito.

Parte 1: Prendere confidenza con Facebook

La prima parte comincia dagli strumenti di carattere più personale, a partire dal proprio profilo, perché è questo che rappresenta la nostra identità all'interno del network. Usarlo con consapevolezza e non commettere errori è il primo passo per aumentare la propria autorevolezza, che si riflette nell'uso per scopi di carattere professionale.

Parte 2: Gli spazi pubblici di relazione

La seconda parte è dedicata a come muoversi all'interno degli spazi pubblici e come gestire lo strumento base per il business su Facebook: la pagina. Facebook può diventare un ottimo supporto alla gestione di progetti a distanza consentendo la collaborazione e la condivisione di contenuti, in tempo reale, con colleghi o clienti. L'organizzazione di un evento chiude la sezione.

Parte 3: Facebook per il business

La terza parte vuole illustrare tutti gli strumenti pensati per fare business con Facebook e spiegare come creare attenzione intorno ai propri contenuti, facendo leva sulla pubblicità, sui video o attraverso altri strumenti che si possono integrare con Facebook. Completa la sezione un capitolo su come gestire al meglio le relazioni sulla piattaforma e come Facebook può essere integrato in ambito lavorativo.

Parte 4: La sezione dei Dieci

Come tutti i libri della serie *For Dummies*, anche questo ha una parte dei Dieci. Questi capitoli raccolgono dieci errori tra i frequenti da evitare, dieci consigli su come essere più efficaci in chiave business e dieci elementi per far sì che gli investimenti su Facebook possano generare un effetto positivo sull'impresa nel lungo termine.

Icone utilizzate in questo libro

Per rendere la vostra esperienza di lettura più coinvolgente e divertente, abbiamo usato alcune icone a margine delle pagine per evidenziare alcuni concetti importanti o da ricordare. Vediamole insieme.

CONSIGLIO

Molti contenuti di questo volume sono informazioni utili da mettere in pratica, ma richiedono da parte vostra un'analisi per capire come adattarli alla vostra situazione particolare. I consigli contrassegnati da questa icona sono pratici e pensati per facilitare il vostro lavoro e mettere a frutto in tempi veloci quanto imparato.

RICORDA!

Questa icona sottolinea, come un amichevole memo, quanto è importante da non dimenticare per essere sicuri che ve ne ricordiate al momento opportuno.

ATTENZIONE

Questa icona equivale a un segnale stradale con il triangolo rosso di pericolo. Non c'è niente di cui preoccuparsi veramente, ma a volte è facile incorrere in errori che possono essere evitati riflettendo appena un po'. L'avvertimento in questo caso è pensato per restare in guardia e minimizzare i rischi che potreste correre nell'applicare gli insegnamenti di questo volume.

PER I PIÙ CURIOSI

A volte è necessario spiegare alcune procedure con qualche termine tecnico o da addetti ai lavori. Se sapete già cosa fare in quell'occasione o non siete avvezzi al gergo, passate oltre. Questi non sono contenuti indispensabili per beneficiare degli insegnamenti generali appresi durante la lettura.

Come proseguire

Come per molte attività che riguardano la sfera di Internet e della comunicazione online, imparare dall'esempio degli altri e l'aggiornamento continuo sono elementi essenziali per migliorarsi continuamente e restare sempre un passo avanti rispetto agli altri utenti. Questo libro è un ottimo punto di partenza per chi vuole cominciare o per chi vuole capire meglio come potenziare le proprie attività business su Facebook ed essere più incisivo. Acquisita

IN QUESTA PARTE. . .

Scoprirete come funziona il vostro profilo personale e come costruire relazioni durature nel tempo "facendo amicizia".

Imparerete a diffidare delle notizie di dubbia provenienza e a distinguere ed evitare le bufale più insidiose.

Conoscerete tutti gli strumenti per comunicare in maniera efficace, dalla chat ai messaggi, fino a padroneggiare le funzioni delle app di Facebook per lo smartphone.

IN QUESTO CAPITOLO

Le vostre informazioni

La barra blu

Il profilo personale

Stato, foto e video

"Amici nelle vicinanze" (Parte I)

Privacy

Capitolo 1

Il profilo personale

Il valore di una rete cresce esponenzialmente all'aumentare del numero dei suoi utenti.

ROBERT METCALFE

Immaginate di disporre di una rete virtuale, gestibile a distanza, ai cui nodi possiate legare le persone della vostra vita: questo vi permetterebbe di rimanere sempre in contatto con il cliente del bar col quale avete scambiato due chiacchiere sulla partita di ieri sera, con il vostro edicolante di fiducia o con la maestra della scuola materna dei vostri figli o, ancora, con lo zio d'America. Se aggiungete la possibilità di comunicare in modo gratuito con chiunque sia importante per voi, comodamente dal computer di casa o dal vostro smartphone, allora vi sarà facile capire l'utilità di Facebook, come lo è stato finora per 1,59 miliardi di persone nel mondo e 25 milioni di italiani. La maggior parte degli iscritti del bel Paese supera i 35 anni: si tratta di un segmento che cresce a velocità più che doppia rispetto a quello degli utenti fra i 13 e i 34 anni.

Facebook è riuscito dove i suoi predecessori hanno fallito: nel gioco-business di creare il social network migliore, in cui gli utenti sono sovrani e si sentono a loro agio, in ogni momento della giornata. Alcuni dei punti di forza della creatura di Mark Zuckerberg sono:

- » un'interfaccia grafica semplice e immediata;
- » l'apertura a tutti i tipi di utenti, nessuno escluso, su scala globale;
- » il fatto che ci si relazioni a tempo zero;
- » una vasta quantità di contenuti multimediali e interattivi;
- » il giusto spazio dato alle realtà locali.

Come potete impostare il vostro profilo personale e iniziare a legare i nodi della vostra vita? Vediamolo insieme.

Il primo passo per iniziare a usare Facebook è digitare nella barra degli indirizzi del vostro browser `www.facebook.com` ; troverete la schermata in Figura 1.1 e vi verrà richiesto di inserire informazioni fondamentali al fine dell'iscrizione: nome, cognome, e-mail o numero del cellulare, la password con la quale gradite essere autenticati ogni volta che volete accedere al vostro profilo personale e, infine, la vostra data di nascita e il sesso di appartenenza.

CONSIGLIO

Vi consigliamo di scrivere sul blocco note presente tra le applicazioni del vostro computer (o smartphone) le credenziali scelte al momento dell'iscrizione a Facebook: in questo modo potrete autenticarvi agevolmente a ogni accesso e gestire al meglio l'eventualità di smarrimento password o furto d'identità digitale.

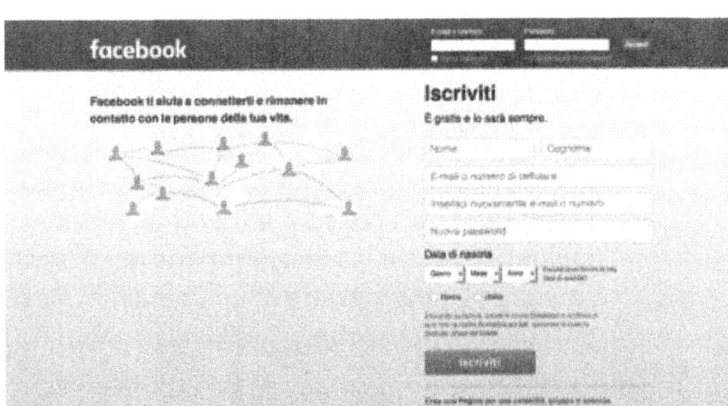

FIGURA 1.1 La schermata iniziale di Facebook.

Le vostre informazioni

L'inserimento delle informazioni nella fase di attivazione del vostro profilo personale su Facebook è di vitale importanza poiché da esse, e dalle preferenze e dagli interessi che esprimerete in tale momento, dipenderà il resto delle vostre attività future sulla rete sociale blu. La tipologia d'informazioni che si possono inserire al fine di completare un profilo personale sono:

- **di base**: nome, cognome, data di nascita, anno di nascita, genere, onomastico, orientamento (sessuale, politico e religioso), lingue parlate;
- **di contatto**: indirizzo di posta elettronica, numero di telefono e, se ce l'avete, il vostro sito web;
- **relative a istruzione e lavoro**: posto di lavoro, competenze professionali, università, scuola superiore;
- **relative ai luoghi**: città natale, città attuale, luoghi in cui avete vissuto;
- **familiari e relazionali**: situazione sentimentale, indicazione di eventuali familiari iscritti a Facebook;
- **personali**: relative ai vostri interessi, che riguardano sport, musica, film, programmi TV, libri.

Ricordate: non è obbligatorio completare tutti i campi. Completate quelli per cui vi sentite più a vostro agio. Facebook non deve necessariamente sapere tutto di voi.

Alla fine di queste operazioni, potrete iniziare a usare la tanto famosa barra blu di Facebook per cercare i vostri compagni di scuola e aggiungerli al vostro elenco di amicizie. L'esempio fatto non è casuale. Quando nacque il social blu, nel febbraio 2004, la parola *facebook* indicava infatti un elenco con nome e fotografia degli studenti che alcune università americane distribuivano all'inizio dell'anno accademico, per aiutare gli iscritti a socializzare tra loro e i professori a identificare i componenti della loro classe. Molto spesso però alcuni facebook non permettevano di identificare agevolmente una persona: le foto potevano essere datate o, vista la natura facoltativa del loro inserimento, totalmente mancanti.

La barra blu

Quando il vostro diario personale sarà completo nei suoi requisiti obbligatori, potrete iniziare a unire i punti della vostra vita sulla rete sociale. Tramite le tre icone principali, che vedrete a destra della barra blu (Figura 1.2), è possibile gestire:

- richieste d'amicizia;
- messaggi privati;
- notifiche.

FIGURA 1.2
La barra blu.

Le **richieste d'amicizia** funzionano in maniera biunivoca: non solo le invierete per costituire il vostro gruppo di amici (così da vedere, leggere e commentare i loro aggiornamenti, condividerli e cliccare "Mi piace"), ma le riceverete a vostra volta e sarete liberi di accettarle o rifiutarle, come avviene nella vita di tutti i giorni.

Nel momento in cui avrete la necessità di comunicare in privato con i vostri amici, ecco venirvi in soccorso la seconda icona, presente in Figura 1.2: attraverso i **messaggi privati**, potrete inviare e ricevere messaggi testuali, foto e file in modo che solo l'interlocutore prescelto possa leggere il contenuto della comunicazione.

Infine, l'icona delle **notifiche** (la terza da destra in figura) vi avviserà al verificarsi di un'interazione che vi riguarda: il contatore si attiverà quando qualcuno avrà interagito con voi, mettendo un "Mi piace", commentando o condividendo un vostro stato, video o immagine (del profilo, di copertina o inserita all'interno di un album), oppure quando avrà risposto a un vostro commento, quando vi avrà taggato, se ci saranno eventi o compleanni o nuovi contenuti pubblicati dagli eventi/pagine/persone che avrete deciso di seguire.

Il profilo personale

Nella fase di iscrizione, un'altra azione fondamentale è caricare la vostra **foto profilo**: in questo modo i futuri amici potranno facilmente associare i vostri dati anagrafici al vostro volto e riconoscervi più facilmente (specie in caso di omonimie). Tale immagine deve avere una dimensione pari o superiore a 180x180 pixel e apparirà poi con le seguenti dimensioni: 160x160 pixel sui computer e 140x140 pixel sugli smartphone. Dall'ottobre 2015 Facebook ha iniziato a implementare una nuova funzione: in pochi mesi sarà possibile per tutti impostare, al posto dell'immagine del profilo, un **video di 7 secondi** girato con il proprio smartphone. Oltre a uno scatto/video del vostro viso, vi verrà richiesta una **foto di copertina** che deve avere almeno una larghezza minima di 399 pixel e un'altezza minima di 150 pixel; questa immagine di grandi dimensioni, che farà da cornice al vostro diario personale, viene visualizzata con una larghezza di 851 pixel e un'altezza di 315 pixel sui computer e con una larghezza di 640 pixel sugli smartphone, ragion per cui vi consigliamo di pubblicare l'immagine con la maggiore risoluzione possibile (più definita), nel giusto rapporto tra altezza e larghezza. Scegliete un'immagine significativa, in grado di esprimere ciò che siete o ciò che vi interessa.

Dall'agosto 2015 è possibile aggiungere al vostro diario una piccola **biografia** di 101 caratteri, che apparirà a sinistra dello schermo, fra la foto (o video) profilo e il box contenente quelle informazioni che avrete inserito in fase di iscrizione.

ATTENZIONE!

Come i brand e le aziende, anche politici e vip optano per le pagine fan, evitando il limite dei 5.000 contatti imposti ai profili personali. Se siete un personaggio pubblico (Figura 1.3), valutate l'apertura di una pagina, descritta in uno dei capitoli successivi.

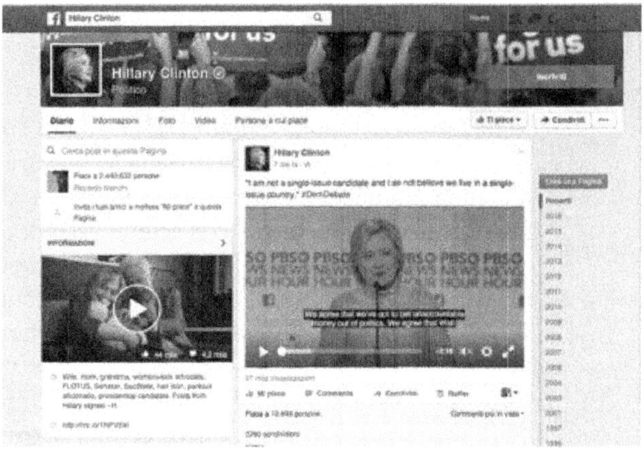

FIGURA 1.3 Pagina Facebook ufficiale di Hillary Clinton.

Subito sotto il box denominato "In breve", che contiene le vostre informazioni personali, trovate due mosaici: il primo contiene le ultime 9 foto che avete condiviso, il secondo le mini-foto profilo dei 9 amici con i quali vi è maggiore interazione reciproca, sotto forma di commenti, "Mi piace" o conversazioni in chat. Ogni foto è corredata dal numero dei post pubblicati da questi contatti dall'ultima volta che avete visitato il loro profilo.

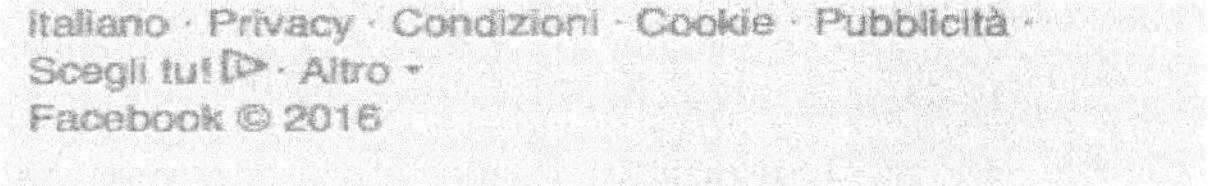

FIGURA 1.4

Sotto il mosaico degli amici c'è un menu a scelta rapida (Figura 1.4) con queste opzioni, da sinistra verso destra:

- Italiano;
- Privacy;
- Condizioni;
- Cookie;
- Pubblicità;
- Scegli tu!;
- Altro.

Non solo italiano: ricordate che Facebook è fruibile in 98 lingue diverse, una caratteristica che potrebbe esservi utile per esercitarvi e potenziare l'apprendimento di altri idiomi. Della privacy parleremo in seguito, avendole dedicato un paragrafo specifico. Per "Condizioni" si intendono le regole della comunità di Facebook, e di netiquette (il galateo di Internet, dalla crasi di "network" ed "étiquette") in generale, che se violate permettono al social di arrivare alla sospensione temporanea o definitiva di un profilo. I cookie sono file di testo di piccole dimensioni che vengono inseriti nel vostro computer o dispositivo mobile dal sito web, dall'applicazione o dall'inserzione che state visualizzando; il loro scopo è rilevare a fini commerciali alcuni dati, tra i quali la vostra posizione geografica e il vostro comportamento online. La pubblicità è la leva che sostiene economicamente tutte le attività di Facebook, e permette la gratuità del servizio per l'utente finale; vi viene mostrata in base agli interessi che esprimete, alle pagine che seguite. Seguendo questo collegamento troverete delucidazioni circa le pratiche da adottare e gli strumenti a vostra disposizione per promuovere voi, le vostre idee e la vostra attività sul social blu. Approfondiremo questo specifico argomento più nel dettaglio successivamente. "Scegli tu!" vi permette di modificare il modo in cui le inserzioni vi vengono mostrate in base alle vostre attività fuori da Facebook. "Altro" dà origine a un ulteriore menu di scelta rapida a tendina, come riportato in Figura 1.5.

FIGURA 1.5
Il menu a tendina "Altro".

Gli aggiornamenti di stato

Sul vostro profilo personale potete pubblicare un aggiornamento di stato (Figura 1.6), che può consistere in un post (un breve contenuto testuale che rispecchi il vostro stato d'animo), nel caricamento di una foto o di un video, nella creazione di un album fotografico, o nell'inserimento di "avvenimento importante" della vostra vita. Di che si tratta? Quando nella vita si raggiunge finalmente un obiettivo desiderato, si ha di solito il piacere di festeggiarlo con i propri amici e parenti più stretti. Pensate al conseguimento dell'agognata laurea! Allo stesso modo, online, possiamo far sapere ai nostri contatti che abbiamo ottenuto la tanto attesa promozione, che finalmente siamo diventati genitori o... che abbiamo terminato di scrivere quel libro a proposito di Facebook che non vedevamo l'ora di mettere nero su bianco!

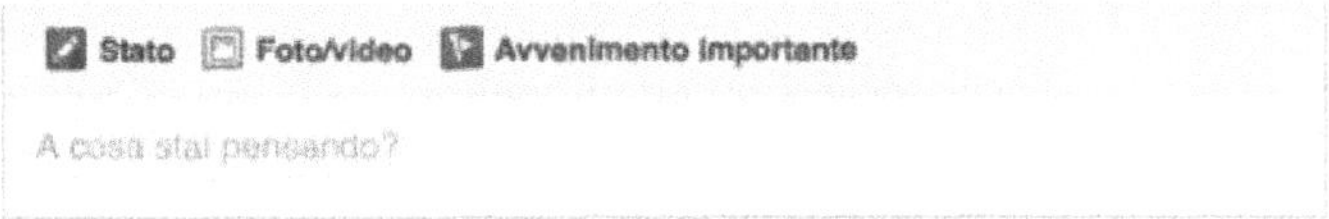

FIGURA 1.6 La barra di condivisione di stato.

Al vostro post potrete allegare un link da un sito web oppure una foto/video; inoltre, in contemporanea alla pubblicazione, potrete far sapere agli amici dove vi trovate, condividendo la vostra posizione geografica (specie se usate un dispositivo mobile dotato di GPS) ed esprimere il vostro stato d'animo anche graficamente grazie agli *emoji*, ovvero le celebri "faccine": queste icone colorate possono aggiungere un pizzico di vivacità in più ai post fatti di parole e ne ampliano il significato.

CONSIGLIO

Nel dubbio se pubblicare o meno un contenuto in rete, adottate la regola della nonna. Vostra nonna cosa penserebbe di quel contenuto? Sareste a vostro agio nel condividerlo con lei? Se no, è meglio non pubblicare quel contenuto e tenerlo per voi.

Foto e video

Su Facebook vengono caricati 350 milioni di immagini ogni giorno: uno dei valori aggiunti del social blu è la possibilità di pubblicare foto o interi album da mostrare ad amici e parenti, in uno spazio gratuito. I contenuti visivi saranno un volano per la vostra creatività, richiameranno sul vostro profilo numerose visite e genereranno "Mi piace", commenti e condivisioni.

ATTENZIONE

Le foto e i video hanno maggior successo su Facebook rispetto ad altre modalità comunicative (link e status). E questo vale sia per i profili personali che per le pagine. Facebook attribuisce un peso maggiore ai contenuti multimediali, soprattutto se video e ancor di più se live, in diretta. Tenetene conto quando vorrete ottenere maggiore attenzione dai vostri interlocutori.

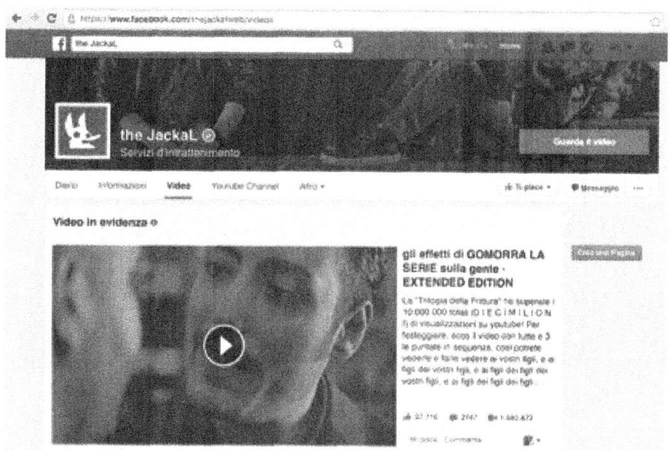

FIGURA 1.7 La tab video della pagina ufficiale "the JackaL".

Tra i video divenuti virali nel 2015 tramite il passaparola, i "Mi piace" e le condivisioni su Facebook c'è *La trilogia della frittura*, ciclo-parodia della serie tv *Gomorra*, realizzata da the JackaL (Figura 1.7). Il gruppo di giovani attori di Melito, seppure attivo su YouTube da tempo, era famoso quasi esclusivamente fra gli utenti più giovani della rete; grazie alla condivisione della trilogia sulla propria pagina fan su Facebook, ha raggiunto la ribalta nazionale e totalizzato più di 10 milioni di visualizzazioni in pochi mesi.

Aggiungere foto e video

L'icona centrale della barra di condivisione vi permette di condividere online foto o video con la vostra cerchia di amici virtuali. Se intendete pubblicare più di uno scatto, ricordate che avete la possibilità di creare un album al quale poter aggiungere titolo, descrizione, l'indicazione dei luoghi in cui sono state scattate le fotografie, una data e dei tag che individuino i vostri amici presenti negli scatti (e che li avvisino della pubblicazione di una foto che li ritrae); inoltre potete spuntare l'opzione "Crea un album condiviso" e consentire a determinate persone di aggiungere fotografie al vostro album.

ATTENZIONE!

Tag è il termine con cui si aggiungono informazioni sul contenuto di un testo o di una foto. La parola chiave può quindi rappresentare l'argomento del testo o, nel caso della foto, chi è ritratto al suo interno.

Alcuni esempi? Usate gli album condivisi per avere a disposizione, tutte insieme, le foto di famiglia, di una vacanza con gli amici, del vostro matrimonio o di una festa. Facebook vi dà facoltà in ogni momento di eliminare la foto, nel caso la pubblicazione sia avvenuta per errore: tenetelo a mente. Ricordate anche che il social blu prevede diversi livelli di privacy ("Tutti", "Amici", "Solo io", "Personalizzata"): in questo modo potrete decidere chi avrà accesso ai vostri album fotografici e alle singole immagini pubblicate.

CONSIGLIO

Se intendete condividere i ricordi delle vostre vacanze o le foto del compleanno di vostro figlio solo con parenti e affini, cliccate sull'icona a forma di mappamondo presente nell'album e indicate il livello di privacy che meglio preferite.

Amici nelle vicinanze

Gli utenti più social, quelli che proprio non possono stare senza interagire con i loro amici in ogni momento, accedono a Facebook da dispositivi mobili; con le reti 4G non c'è differenza tra l'utilizzo in casa e fuori. Capita spesso di leggere su Facebook vere e proprie domande/offerte di aiuto (Figura 1.8): per esempio, mentre siamo in giro per strada potremmo avere bisogno di qualcuno che ci venga in soccorso perché abbiamo la macchina in panne oppure di cercare un compagno di viaggio con cui condividere le spese del tragitto.

FIGURA 1.8 Esempio di richieste/offerte di aiuto alla comunità di Facebook.

Molte di queste richieste fino a ieri cadevano nel vuoto, poi Facebook, dal novembre 2015, ha aggiunto la funzione "Amici nelle vicinanze": grazie alla geo-localizzazione, vi vengono così mostrati tutti i contatti nella vostra immediata prossimità o in viaggio. Per usufruire di questa funzione, è necessario abilitarla tra le impostazioni del vostro smartphone/tablet, consentendo a Facebook di rilevare la vostra posizione a ogni spostamento: chi non l'attiva non riceverà alcuna informazione sul posizionamento degli altri. La visibilità standard è impostata per consentire di accedere a questa informazione solo da parte degli amici, non si può impostare su "Tutti" o "Amici di amici": si può inoltre restringere l'accesso a liste ristrette, come quella dei familiari, degli amici ristretti o ad altre liste personalizzate.

ATTENZIONE

Consentire all'applicazione di Facebook di accedere costantemente al sensore GPS del vostro smartphone per conoscere la vostra posizione può ridurre la durata della batteria. Disabilitate questa funzione quando avete un livello di batteria basso.

Privacy

Il nome di ogni utente Facebook è parte integrante del suo **profilo pubblico**. Il social di Zuckerberg usa i campi del profilo per consentire alle persone di trovarvi e di organizzare le vostre informazioni internamente. Facebook usa il vostro nome utente per creare un link personalizzato (una URL Facebook, ad esempio `www.facebook.com/mario.rossi`) al vostro profilo che potete condividere con le persone o pubblicare su siti web esterni. Potete personalizzare l'indirizzo web del vostro profilo accedendo all'indirizzo `facebook.com/username`.

Una volta eseguita questa operazione, andate sulla barra blu e entrate nel menu relativo alla **privacy** o attraverso l'icona a forma di lucchetto (che vi mostra i collegamenti rapidi alla privacy, Figura 1.9) o cliccando sulla freccina a lato e selezionando prima la voce "Impostazioni" e poi quella "Privacy".

FIGURA 1.9 Il menu a tendina della privacy.

Dal menu a tendina potete scegliere chi può vedere i contenuti che pubblicate, chi può inviarvi dei messaggi privati, e capire cosa fare se qualcuno vi infastidisce. Ognuna di queste scelte apre un nuovo menu che vi permetterà di personalizzare a più livelli le condivisioni dei vostri contenuti.

CONSIGLIO

Consultate periodicamente la sezione relativa alla privacy, per essere sempre consapevoli di chi può o non può conoscere i vostri dati personali.

Conclusioni

Dalle poche centinaia di migliaia di italiani attivi su Facebook nel 2008, in 7 anni questo numero si è moltiplicato a dismisura e oggi quasi tutti i navigatori italiani hanno un profilo personale. Navigando un po' vi renderete conto di trovarvi in presenza di una vera piazza virtuale: qui si incontrano amici, si fanno nuove conoscenze, si affacciano piccoli e grandi negozi (i brand famosi e le piccole aziende con le loro pagine), sfilano celebrità, si gioca e si organizzano eventi.

Tramite il vostro diario personale, potete in pochi click condividere i vostri interessi, scoprire e appassionarvi a nuovi temi, mantenere e sviluppare relazioni con amici o persone che gravitano intorno alla vostra sfera personale. Inoltre, non dimenticherete mai più un compleanno: Facebook vi avvisa anche del giorno in cui le persone care spengono le candeline. Un bel vantaggio per i più distratti.

FIGURA 1.10 Il diario della pagina fan di Gianni Morandi.

Gli italiani passano in media 2,5 ore al giorno sui social network: non c'è da sorprendersi se Facebook sia presto diventato uno strumento chiave per la socializzazione e la promozione della propria attività lavorativa. Anche una icona come Gianni Morandi, il noto cantante che calca i palchi italiani dagli anni Sessanta, si è reinventato in chiave social e, a dispetto dell'età e del ritardo tecnologico, condivide una foto al giorno con gli oltre 2 milioni di fan che lo seguono.

IN QUESTO CAPITOLO

Aggiungere nuovi contatti

Messaggi privati per netiquette

La visibilità dei profili degli amici

Organizzare i contatti in liste

Definire il concetto di amico su Facebook

Capitolo 2

Il network degli amici

Nel capitolo precedente abbiamo mosso i primi passi nella piazza virtuale di Facebook. A questo punto ne approfondiremo il funzionamento, tenendo a mente che la vostra esperienza di utente risulterà più intensa e completa quando avrete costruito, nel tempo, una rete estesa di contatti.

Oltre i compagni di scuola

Il boom di Facebook in Italia risale al 2008 e, per anni, la motivazione numero uno all'iscrizione è venuta dalla voglia di riconnettersi alle persone che avevano fatto parte della propria vita e con gli anni si erano perse di vista, a cominciare dai compagni di scuola. Non temiamo smentita nel dire che, dopo tanto tempo, sono stati ritrovati e... sono finiti nuovamente nel dimenticatoio! Tutte le foto di gruppo scansionate alla meglio, nelle quali siamo stati taggati, prendono virtualmente polvere tra gli album del nostro profilo e, forse, non abbiamo nemmeno partecipato fisicamente alle annuali rimpatriate organizzate tramite la funzione "Eventi" di Facebook.

Superata questa fase oggi questo social network è soprattutto una piattaforma di primo contatto con persone che non conosciamo personalmente e verso le quali nutriamo un interesse specifico: personale, aggregativo (basti pensare al successo dei gruppi, oggetto di un prossimo capitolo), accademico o professionale. Questo rovesciamento del processo alla base del funzionamento di Facebook trasforma l'etichetta di "amico" in quella di "contatto social", e dà origine a una nuova modalità di stringere relazioni, basata sostanzialmente su un'empatia nata online, fatta di condivisione di link, riprova sociale, scambio disinteressato di "Mi piace" e commenti reciproci ai propri contenuti. Questo rapporto virtuale può trasformarsi o meno in un incontro conoscitivo nella vita reale.

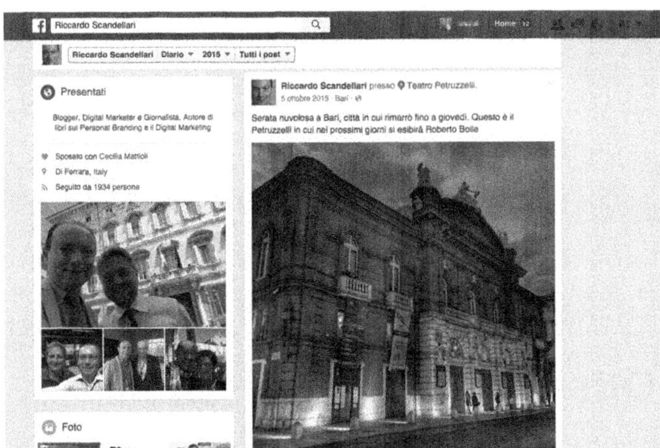

FIGURA 2.1 Il blogger e marketer ferrarese Riccardo Scandellari comunica su Facebook la propria permanenza a Bari per qualche giorno. Una buona occasione per incontrare di persona i propri amici virtuali.

Nella sua accezione digitale, il termine "amicizia" assume per questo un significato più ampio, più vicino a quello di "contatto", che trova corrispondenti anche su altri social network:

- follower su Twitter, Instagram e Google+;
- collegamento su LinkedIn.

Aggiungere nuovi contatti

Se il vostro network è esteso, vi consigliamo di organizzare i contatti in liste. Quando richiedete o accettate l'amicizia di qualcuno, dovete abituarvi a inserire questo nuovo contatto in un elenco specifico; per esempio, potete raggruppare i familiari in una lista, i colleghi in un'altra, gli amici del corso di fotografia in una terza e così via. Lo strumento "lista" è stato introdotto dapprima su altri network sociali come Google+ (dove prende il nome di cerchia) e Twitter, e solo successivamente, dal 2011, su Facebook. Le liste vi aiuteranno a scegliere a quali amici mostrare i vostri aggiornamenti di stato, in base alla singola unità di contenuto che avete deciso di condividere.

Oltre a quelle stilate da voi, esistono quelle che Facebook definisce "liste intelligenti" che si creano e si aggiornano automaticamente in base alle informazioni del profilo che voi e i vostri amici avete in comune. Per esempio, se indicate la Bocconi come l'università che avete frequentato e lo fanno anche i vostri amici Marco, Michele, Anna e Matteo, potreste vederli comparire in una lista dal nome "Università Bocconi". Le liste possono avere diversi livelli di privacy (Figura 2.2).

FIGURA 2.2 Impostate così la visibilità dei vostri contatti su Facebook.

Potete inoltre decidere che un contenuto sia visibile soltanto a voi, utilizzando Facebook come una sorta di diario privato, o riservarlo a un solo contatto, grazie ai diversi livelli di privacy che è possibile impostare (Figura 2.3).

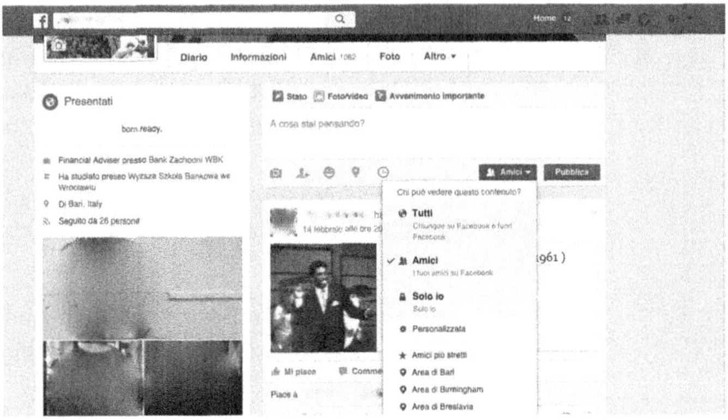

FIGURA 2.3 Come rendere pubblico un aggiornamento.

Un minuto per presentarvi

Come nella vita reale, anche sul web esistono le buone maniere. Bussereste mai alla porta di qualcuno pretendendo, senza dire una parola, di entrare in casa? Speriamo di no. Allo stesso modo, se aggiungete agli amici di Facebook qualcuno che non conoscete, è buona norma allegare alla richiesta un breve messaggio di presentazione in cui spiegare al destinatario chi siete e perché volete entrare in contatto. Fino a poco tempo fa, Facebook convogliava tutti i messaggi privati in arrivo da persona sconosciuta direttamente in una casella di messaggistica chiamata "Altro" (Figura 2.4), anche al fine di diminuire messaggi di spam.

Questa casella non balzava agli occhi e quindi molti utenti non sapevano neanche della sua esistenza. Risultato? Decine di messaggi letti con anni di ritardo. Oggi a questa sezione è stata aggiunta quella "Richieste di messaggi"; ogni volta che una persona di cui non siete amici vi invierà un messaggio, verrete avvisati con una notifica da Facebook. Le richieste che costituiscono posta indesiderata, spam, vengono bloccate attraverso un apposito filtro.

FIGURA 2,4 La casella "Altro" per i messaggi.

Una manciata di secondi, investiti per scrivere un messaggio di presentazione, aiuterà la persona che state contattando a percepire la vostra richiesta come meno invasiva e a valutarla con maggiore attenzione.

Al contrario, prima di accogliere uno sconosciuto fra i vostri amici o di snobbarne del tutto la richiesta di amicizia, inviategli per primi un breve messaggio con una richiesta di informazioni più dettagliata, così da verificarne l'identità e capirne le motivazioni.

Il limite di amici su Facebook è 5.000 persone. Se la persona con cui vorreste entrare in contatto ha già raggiunto questa quota (oppure non accoglie la vostra richiesta perché, per esempio, è un VIP), potrete comunque seguirne gli aggiornamenti pubblici attraverso la funzione "Segui" attivabile attraverso il bottone posizionato sull'immagine di copertina.

Le liste di amici

Dal vostro profilo potete accedere, o attraverso il menu "Amici" in alto o attraverso il mosaico a sinistra della vostra timeline, all'elenco dei vostri contatti: da questa pagina vi sarà possibile ricercare i vostri amici e inserirli in liste cui fare corrispondere diversi livelli di privacy. In questo modo potrete gestire l'elevato flusso informativo derivante da un denso network di contatti.

Creazione di una lista

Come abbiamo detto qualche riga fa, Facebook propone "liste intelligenti" generate in base al nostro lavoro e alle nostre parentele con le persone aggiunte ai contatti del social network. Per esempio, potrebbe esistere una lista con il nome dell'azienda in cui lavorate che contiene all'interno i profili di tutti i vostri colleghi, una lista con il nome della vostra scuola con all'interno tutti i vostri compagni di classe e così via. Per aggiungere o rimuovere delle persone da una lista già esistente (come "Amici più stretti" o "Familiari", Figura 2.5), selezionate il suo titolo e, nella pagina che si apre, fate click sul pulsante "Gestisci lista > Modifica lista" collocato in alto a destra. A questo punto, cliccate sulla "X" presente sulla foto delle persone che volete rimuovere dalla lista, oppure, se volete aggiungere nuovi amici alla lista, selezionate "Amici" dal menu a tendina in alto a sinistra e cliccate sulle foto dei contatti da importare. Cliccate su "Fine" per salvare i cambiamenti.

FIGURA 2.5 Il pulsante "Gestisci lista".

Se volete suddividere gli amici su Facebook creando delle nuove liste personalizzate,andate alla pagina `https://www.facebook.com/bookmarks/lists` e cliccate sul pulsante "Crea una lista" (Figura 2.6). Nel riquadro che compare (Figura 2.7), digitate quindi il nome che volete assegnare al gruppo, selezionate tutti gli amici che volete includere in esso (digitando i loro nomi nel campo "Membri") e completate l'operazione facendo click su "Crea". Per selezionare le notizie da visualizzare per ciascuna lista di amici (nuova o pre-esistente che sia), cliccate sul titolo della lista e poi sulla voce "Scegli i tipi di aggiornamenti" dal menu "Gestisci lista" collocato in alto a destra. Si aprirà un riquadro con tutte le notizie visualizzabili, all'interno del quale potrete selezionare quali informazioni mostrare nel newsfeed e quali nascondere per tutti gli utenti che fanno parte del gruppo. In questo modo la lista "Amici" apparirà alla sinistra nella vostra home.

FIGURA 2.6 Creazione liste.

FIGURA 2.7 Configurazione della nuova lista.

Amici su Facebook, amici sui social network

Chi dovrebbero essere i vostri amici su Facebook? Si tratta di una valutazione molto soggettiva, basata sulla vostra personalità e sulla vostra attitudine alle relazioni sociali.

Distinguiamo principalmente tre diversi approcci.

1. **Utilizzare Facebook per fare nuove amicizie**

   Il social network è visto come piazza virtuale in cui si entra in contatto con nuovi amici con interessi analoghi o esperienze di vita similari.

2. **Utilizzare il network per la promozione personale**

   Facebook serve per rafforzare i contatti professionali, più che quelli personali: da un buon networking possono scaturire collaborazioni e progetti. Chi utilizza questo approccio spesso rifiuta la maggior parte delle nuove richieste di contatto, a eccezione di quelle professionali.

3. **Gli amici e soltanto gli amici**

   Infine, c'è chi si iscrive al social di Zuckerberg guidato da una concezione di amicizia più tradizionale, con lo scopo di replicare su Facebook la stessa cerchia degli amici di cui si è circondato nella vita reale. Poiché si fidano in maniera pressoché totale della loro comunità virtuale, queste persone condividono i propri aggiornamenti di stato e le proprie fotografie senza filtro.

Prima di iniziare a utilizzare Facebook è buona norma stabilire una propria politica di condotta rispetto a questi temi: quali contenuti pubblicherete? A chi volete mostrarli? Stabilire prima una linea da seguire vi eviterà imbarazzi e vi aiuterà a gestire meglio eventuali momenti di difficoltà.

Il contatto erede

Un'altra possibilità da tenere in considerazione (seriamente) è quella di inserire un contatto erede. Lo so, è una notizia sconvolgente, ma prima o poi dovremo lasciare questo mondo. Perché allora abbandonare la nostra pagina Facebook al suo destino? Vero, abbiamo di meglio a cui pensare, ma in poche mosse possiamo mettere il nostro account nelle mani di una persona fidata. Andate su Impostazioni > Protezione e cliccate su "Contatto erede" (Figura 2.8).

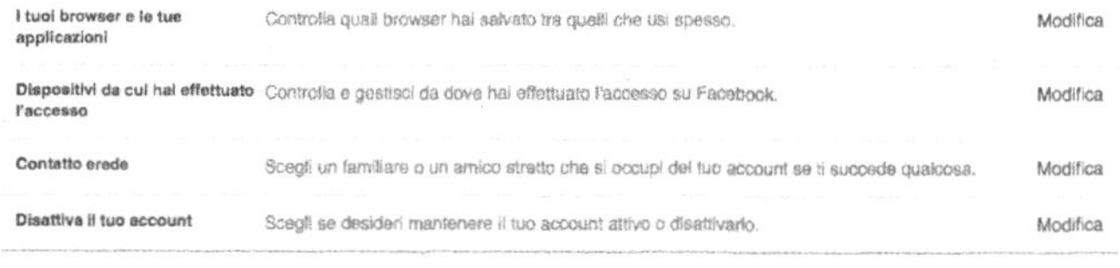

FIGURA 2.8 Come impostare il "contatto erede".

A questo punto dovete solo scegliere una persona fidata a cui affidare il vostro account in caso di dipartita. Scegliete bene! A cose fatte sarà difficile cambiare idea (meglio riderci su).

IN QUESTO CAPITOLO

- L'evoluzione dell'homepage
- Impostare il profilo e i "Preferiti"
- Visualizzare tutte le vostre pagine
- Capire il successo delle applicazioni
- La rete degli amici e i gruppi
- Modulare la sezione "Interessi"
- Partecipare agli eventi e crearli

Capitolo 3

L'homepage

Ogni volta che vi collegate a Facebook, la prima cosa che visualizzate è la vostra homepage, personalizzata in base al vostro comportamento sul social network. In alto, sotto la barra blu, troverete la finestra dedicata all'aggiornamento di stato, attraverso la quale pubblicare i vostri contenuti.

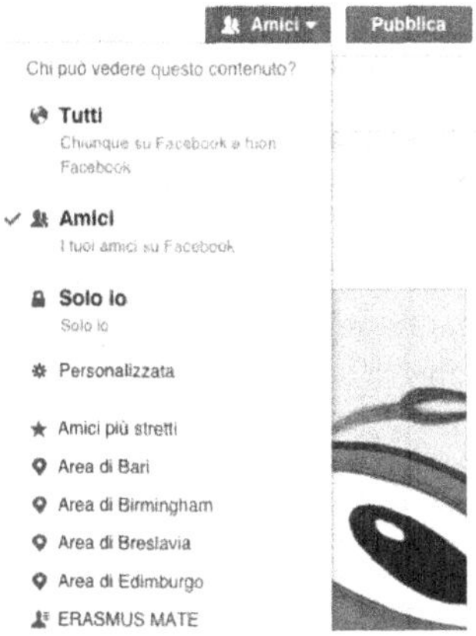

FIGURA 3.1 La pubblicazione di un aggiornamento di stato.

Quelli dei vostri amici e delle pagine che seguite vi vengono mostrati sulla base di un algoritmo, ovvero un complesso meccanismo che tiene conto di oltre 10.000 fattori. Vediamone insieme alcuni:

- **weight:** saranno più visibili i post con maggior peso, cioè intorno ai quali si è creata maggiore interazione (più "Mi piace" o altre interazioni, più commenti, più condivisioni);
- **last actor**: hanno un peso maggiore gli aggiornamenti provenienti dagli ultimi 50 soggetti con cui avete interagito;
- **story bumping:** un vecchio post può essere rilanciato nel newsfeed (la home) se riceve nuove interazioni;
- **relationship setting:** conterà se avete deciso che vi vengano mostrati per primi i post di un determinato amico o di una determinata pagina;
- **time decay:** saranno più visibili gli aggiornamenti recenti;
- **post type:** vi sarà più facilmente mostrato il formato di post con il quale normalmente interagite di più (foto, status, link, video);
- **video live:** i video in tempo reale saranno prioritari.

In sintesi, Facebook propone i contenuti più recenti che la vostra rete ritiene più coinvolgenti, privilegiando quelli che, per tipologia e provenienza, pensa vi possano interessare di più.

Thefacebook

L'homepage di Facebook, negli anni, ha subito diversi cambiamenti, tutti atti a renderla più immediata, intuitiva e di rapido accesso. La primissima homepage del febbraio 2004 (Figura 3.2) sembra preistorica rispetto a quella dei giorni nostri.

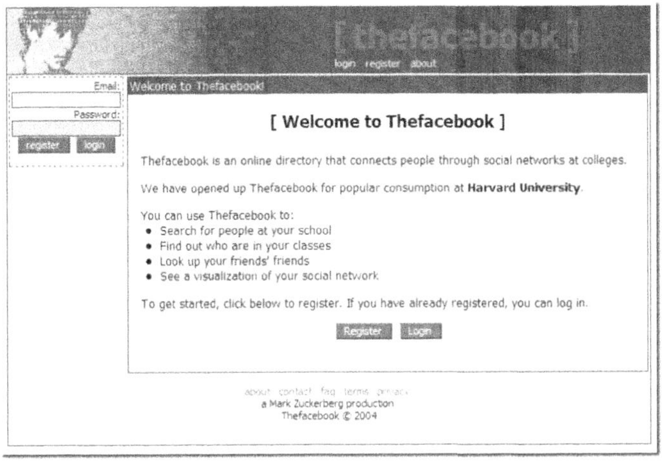

FIGURA 3.2 La prima homepage di Thefacebook.

Dall'immagine balza all'occhio come, oltre alla grafica, sia anche cambiato il nome del sito. All'inizio infatti il social blu si chiamava "Thefacebook" (ovvero "l'annuario") e offriva agli studenti di Harvard la possibilità di:

- trovare chi frequentava la loro facoltà;
- scoprire chi frequentava i loro corsi di studio;
- conoscere gli amici di amici;
- visualizzare la loro rete sociale.

Successivamente Sean Parker, uno dei primi azionisti di Thefacebook e già fondatore del programma di file sharing Napster, popolarissimo tra 1999 e il 2001, suggerì la modifica del nome consigliando di eliminare l'articolo "the" in favore dell'immediatezza commerciale, e rese Facebook quello che oggi tutti conosciamo.

Se molte delle funzioni parte del primissimo elenco sono ancora alla base del successo di Facebook, ci piace sottolineare come questo abbia avuto la costante capacità di reinventarsi ed evolvere: nella prima versione, un rettangolo tratteggiato a sinistra ospitava i campi per inserire l'indirizzo di posta elettronica e la password necessari per la registrazione e il login; al centro destra della schermata venivano elencati i vantaggi dell'ingresso nel social network. La barra blu faceva il suo esordio, ma era sicuramente meno intuitiva di quella odierna: presentava il profilo fisico stilizzato di Mark Zuckerberg, il logo del sito-azienda e brevi menu a scelta rapida con seguenti opzioni:

- login;
- registrazione;
- about (cioè il "chi siamo").

Nel corso del 2004, la possibilità di iscriversi a Facebook fu estesa agli studenti di tutte le università americane, non solo di Harvard: fino al 2006, per potersi registrare bisognava disporre di un indirizzo di posta elettronica esclusivo delle facoltà statunitensi con estensione finale ".edu" (cioè education). Dal 26 settembre 2006 chiunque abbia più di 13 anni può iscriversi e la quota di utenti attivi ha superato quindi la cifra record di 1,59 miliardi di persone.

La vostra homepage

L'homepage odierna (Figura 3.3) è profondamente diversa da quella degli albori. La barra blu adesso mostra:

- il logo stilizzato di Facebook con la F a forma di icona di smartphone, che funge anche da link per tornare alla home in qualsiasi momento;
- la barra delle ricerche con campo bianco;
- il vostro nome profilo;
- la home;
- l'icona dedicata alle richieste di amicizia;
- l'icona relativa ai messaggi;
- l'icona delle notifiche;
- il lucchetto della privacy;
- un cursore con relativo menu a tendina e altre opzioni di personalizzazione.

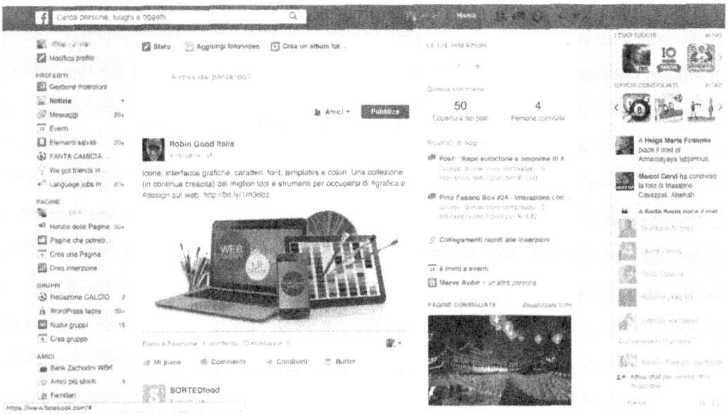

FIGURA 3.3
Esempio di homepage.

In questa sezione ci concentreremo sulla barra delle ricerche, che abbiamo finora tralasciato.

La barra delle ricerche

Con un semplice click nella barra potrete scoprire quali sono gli ultimi 6 nominativi che avete cercato, siano essi persone, brand, oggetti o luoghi (Figura 3.4).

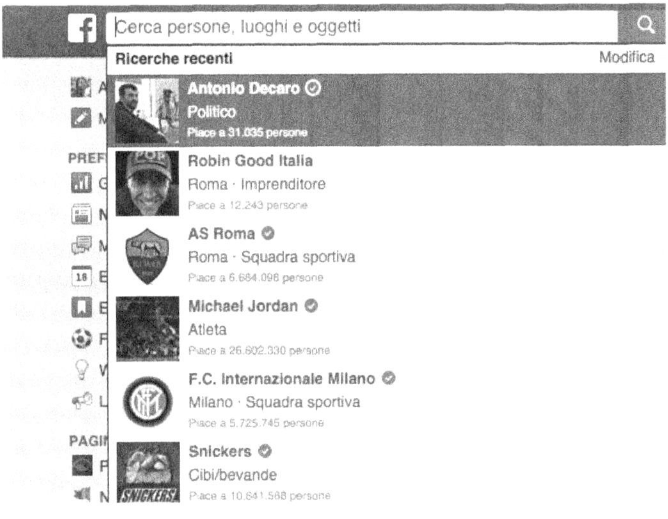

FIGURA 3.4
Un esempio di click alla barra delle ricerche.

Attraverso la barra è possibile condurre una ricerca per hashtag, le famose parole precedute dal simbolo # (cancelletto) che Facebook ha introdotto nel giugno 2013 su modello di Twitter.

ATTENZIONE!

Un hashtag è usato allo scopo di aggregare facilmente diversi contenuti che si rifanno alla stessa conversazione, allo stesso tema. Aggregano contenuti pubblicati da persone diverse, purché abbiano al loro interno lo stesso hashtag. L'etichetta serve per rendere più facili da rintracciare le discussioni su un determinato argomento. La presenza del cancelletto trasforma la parola in un link e, cliccandoci sopra, è possibile visualizzare tutte le discussioni in cui è stata inserita.

Facendo una ricerca per hashtag (Figura 3.5), quali contenuti visualizzerete? Prima di tutto i post di amici e gruppi, poi post pubblici, contrassegnati dall'hashtag stesso.

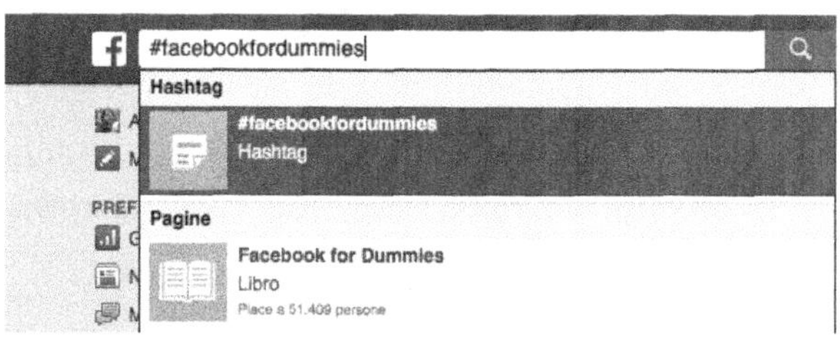

FIGURA 3.5 Un esempio di ricerca organica con "#" nella barra spaziatrice.

Cliccando "Modifica" all'interno della barra, accederete alla cronologia delle ricerche (Figura 3.6) che potrete cancellare per intero o voce per voce.

FIGURA 3.6 La cronologia delle ricerche.

A sinistra della home

A sinistra della home di Facebook sono presenti diverse categorie, personalizzate parzialmente in base alle azioni che ripetete spesso su Facebook:

- nome profilo;
- modifica profilo;
- preferiti;
- pagine;
- applicazioni;
- gruppi;
- amici;
- interessi;
- eventi.

Vediamo ora ogni singolo elemento: conoscere queste opzioni a scelta rapida vi permetterà un uso più veloce di Facebook, risparmiando tempo e attenzione che potrete dedicare ad altre attività.

Profilo

Come prima voce a sinistra dell'homepage visualizzerete il vostro nome e cognome, che avrete utilizzato nella fase di registrazione, accompagnati dalla vostra immagine profilo: cliccandoci su, ritornerete esattamente al vostro profilo. Il secondo click dell'elenco vi permetterà di modificare le vostre informazioni personali (Figura 3.7), sia quelle di contatto sia quelle che riguardano la vostra sfera lavorativa e familiare.

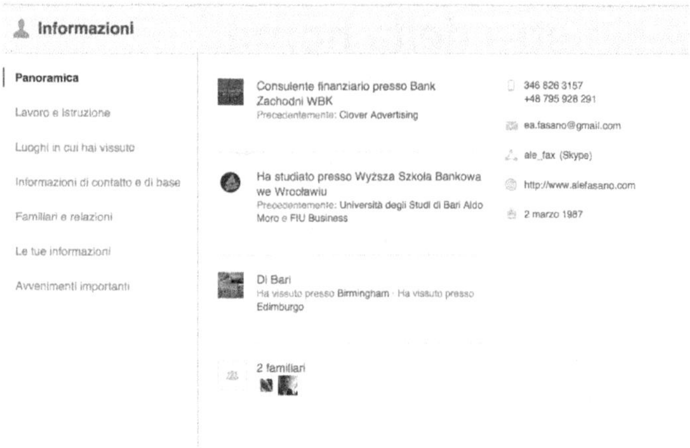

FIGURA 3.7 La panoramica delle informazioni.

Nello specifico, potrete modificare le informazioni attinenti alla vostra professione o istruzione, i vostri contatti (telefonici o e-mail), l'elenco dei familiari che sono iscritti al social network, l'indicazione sui luoghi dove avete vissuto e fornire una panoramica sugli avvenimenti importanti che hanno caratterizzato la vostra vita. Degli esempi? La vostra data di nascita o quella dei vostri figli, l'inizio dell'università, di una relazione sentimentale, quel viaggio a New York che sognavate per cui avete risparmiato e fatto sacrifici.

Preferiti

Tra i "Preferiti" sono indicate quelle attività che svolgiamo con maggiore frequenza su Facebook; questa sezione non è quindi uguale per tutti i profili, ma presenta un livello di personalizzazione dato dalle abitudini di ciascun utente. Tra gli elementi preimpostati da Facebook, tutti modificabili attraverso la rotellina a sinistra, ci sono:

- gestione inserzioni;
- notizie;
- messaggi;
- eventi;
- elementi salvati.

La **gestione inserzioni** è relativa alle pagine fan che eventualmente gestirete e vi permette di monitorare la sponsorizzazione a pagamento dei vostri post; a tale argomento, ampio e delicato, dedicheremo un capitolo specifico. Le **notizie** invece riguardano gli aggiornamenti di stato delle pagine e persone che seguite su Facebook; si possono personalizzare scegliendo di visualizzare le notizie principali o quelle recenti (Figura 3.8).

FIGURA 3.8 Il menu di scelta tra le notizie da visualizzare.

Brevemente, le notizie principali sono quelle che hanno ottenuto il maggior coinvolgimento misurato in termini di "Mi piace", interazioni, condivisioni e commenti. Scegliendo di visualizzare le notizie più recenti potrete utilizzare Facebook come un quotidiano digitale, che si aggiorna in automatico con i contenuti più recenti pubblicati da ognuna delle pagine o persone che seguite.

Più in basso trovate l'icona dedicata ai **messaggi** che, con un click, vi porterà alla schermata da cui potrete gestire le vostre comunicazioni private, in entrata e in uscita.

Se cliccherete sull'etichetta **"Eventi"**, visualizzerete la schermata dedicata agli appuntamenti cui siete stati invitati: feste di laurea, cene aziendali in occasione del Natale, un corso di formazione per blogger e via dicendo.

Infine, troverete i cosiddetti **"Elementi salvati"**: da luglio 2014, è possibile salvare i post per una fruizione successiva. Molto spesso capita, scorrendo la home durante una pausa caffè o mentre si attende dal dottore, di trovare su Facebook un articolo interessante, ma non si ha la possibilità di leggerlo subito. Niente paura: è possibile salvarlo. Come? Andate sulla freccia che trovate in alto a destra del post: si aprirà un menu a tendina e la quarta opzione è, appunto, "Salva post" (o "Salva link"). Pagina potrete consultare successivamente tutti gli elementi salvati, come si vede in Figura 3.9, divisi per categoria (link, video, prodotti, foto, luoghi, musica, libri, film, programmi TV, eventi) e archiviarli.

FIGURA 3.9 La pagina relativa agli elementi salvati per categoria.

In fondo alla colonna dei preferiti trovate gruppi, pagine o eventi che avete indicato di privilegiare e che consultate quotidianamente.

Pagine

Le pagine rappresentano il motore economico di tutte le attività di Facebook: la società di Zuckerberg guadagna dalle inserzioni pubblicitarie e, anche per questo, gli utenti continuano a disporre del social blu in maniera gratuita. L'elenco a sinistra del vostro newsfeed permette di selezionare:

- le notizie dalle pagine;
- le pagine che potrebbero interessarvi;
- l'opzione "Crea una Pagina";
- l'opzione "Crea inserzione".

Nella colonna "Pagine", come prima voce troverete il nome della pagina (o delle pagine) brand che eventualmente amministrate. Non solo le squadre di calcio di serie A, i candidati alle presidenziali USA o le grandi multinazionali raggiungono i loro pubblici di riferimento attraverso le inserzioni a pagamento di Facebook: anche il negozietto sotto casa o l'artigiano possono migliorare il proprio business attraverso la pubblicazione e la sponsorizzazione di post *ad hoc*.

Alla creazione di una pagina e di una inserzione dedicheremo un capitolo più avanti, guidandovi passo passo. Vi anticipiamo solo che il successo che si può ottenere attraverso questi due strumenti combinati è potenzialmente illimitato: il web è pieno di storie di personaggi diventati famosi grazie a una pagina Facebook. Un esempio sono "Gli Autogol", un gruppo di comici già etichettati come la nuova Gialappa's Band, che hanno fatto delle imitazioni degli sportivi e delle gag satiriche sul calcio il loro cavallo di battaglia: a marzo 2016 contano quasi 1 milione di fan (Figura 3.10).

FIGURA 3.10 La pagina Facebook ufficiale de "Gli Autogol".

I tre ragazzi di Pavia sono conosciuti dal 2008, quando hanno iniziato a caricare su YouTube i podcast delle loro trasmissioni radio, ma è sbarcando su Facebook che hanno raggiunto la popolarità e si sono garantiti partecipazioni TV come *Zona 11 p.m.*, sul canale 57 del digitale terrestre.

Alle pagine amministrate si aggiungono gli aggiornamenti recenti provenienti dalle pagine che seguite in qualità di consumatori, più o meno fedeli, di beni o servizi o come fan di personaggi pubblici. Tenere sotto controllo le pagine che seguite attraverso questo specchietto è particolarmente utile, anche in ragione degli ultimi aggiornamenti dell'algoritmo di Facebook che privilegia i post provenienti dal network di amici (specie se esteso) rispetto a quelli delle pagine. In questo modo, il social network spinge i gestori delle pagine a campagne pubblicitarie più intense e dal budget più alto.

Alla voce **"Pagine che potrebbero piacerti"** troverete suggerimenti sulle pagine che potrebbero essere di vostro interesse. Queste indicazioni sono basate sui "Mi piace" che avete espresso, sulle preferenze dei vostri amici e, soprattutto, sulla compilazione della scheda degli interessi in fase di avviamento del vostro profilo.

I gruppi

I gruppi di Facebook aggregano le persone sulla base dei loro interessi, da quelli riguardanti il tempo libero a quelli inerenti l'ambito professionale. Per esempio, se adorate il cinema non potete non conoscere il gruppo "Cinematti su Facebook", mentre se volete fare pratica con il software di creazione di contenuti testuali online WordPress vi sarà utile il gruppo "WordPress facile" in cui professionisti o amatori si confrontano tutti i giorni sui problemi relativi a questo specifico CMS. I gruppi sono quindi una parte importante dell'ecosistema di Facebook: se siete appassionati di bricolage a Monza o dei fanatici della Vespa a Catanzaro e non esiste un gruppo che possa riunire chi condivide la vostra stessa passione... createlo voi! Cliccando nella colonna dei gruppi è possibile accedere a due opzioni:

- Crea gruppo;
- Nuovi gruppi.

In **"Nuovi gruppi"** vi verranno mostrati:

- i gruppi suggeriti da Facebook per voi;
- i gruppi dei vostri amici;
- i gruppi locali;
- i vostri gruppi.

Attraverso il comando **"Crea gruppo"** potrete scegliere:

- il **nome** del gruppo;
- quali **membri** inserire (attraverso i loro nomi o indirizzi e-mail);
- di aggiungerlo ai **preferiti**;
- di impostarne la **privacy** su pubblico, chiuso o segreto.

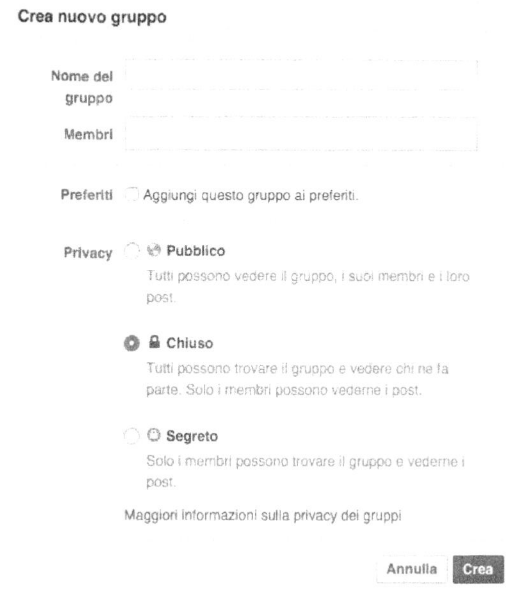

FIGURA 3.11 Il menu a tendina "Crea nuovo gruppo".

L'impostazione della privacy è importante. Se un gruppo è pubblico, chiunque può visualizzarne il nome, i partecipanti, i post, i tag, iscriversi ed essere invitato a farne parte; quando un gruppo è chiuso, i post possono essere visti solo dai membri e le richieste di iscrizione, aggiunta o invito passano sempre attraverso un altro iscritto; infine per diventare membri di un gruppo segreto bisogna essere stati aggiunti o invitati da una persona che ne fa già parte e in questo caso solo i membri possono visualizzare il nome, gli appartenenti, i post, la descrizione e le notizie riguardanti il gruppo stesso.

Se avete fondato un gruppo per le riunioni di condominio e intendete trasferirvi file contenenti dati sensibili (per esempio, preventivi dei lavori con allegati i vostri nomi), vi consigliamo di scegliere il livello di privacy segreto. Se state creando il gruppo dei rappresentanti dei genitori della classe dei vostri figli e avete indicato come membri tutti i genitori, ma vi aspettate che i vostri figli e gli altri studenti abbiano una parte attiva nelle discussioni, impostate il livello di privacy su chiuso. Se organizzate un gruppo per runner della domenica mattina, impostate la privacy su pubblica, in modo da raccogliere più adesioni possibili.

Amici

La colonna "Amici" è personalizzata in base alle liste che avrete creato; vi troverete, per esempio, l'elenco dei vostri amici più stretti oppure dei vostri contatti suddivisi in base alle località in cui avete vissuto o alle aziende per cui avete lavorato e così via. Cliccando su "Amici" vi appariranno tutte le vostre liste e due pulsanti:

- Crea una lista;
- Visualizza tutti gli amici.

Il primo vi serve a frazionare il vostro network in elenchi, aggregando i vostri amici in base, per esempio, al motivo per il quale li avete aggiunti alla vostra rete (interessi comuni, motivi di lavoro e via dicendo); il secondo permette di visualizzare tutti gli amici della vostra rete e di individuare:

- gli amici aggiunti di recente;
- gli ultimi post dei vostri amici;
- i loro compleanni;
- le persone che seguite.

Applicazioni

Il successo delle applicazioni su Facebook è indubbio: potenzialmente virali, questi programmi catturano l'attenzione degli utenti che vi passano moltissimo tempo. Nella colonna dedicata troverete i collegamenti a:

- giochi;
- un'app chiamata "Accadde oggi";
- foto;
- note.

I **giochi** vi permetteranno di sfidare i vostri amici e condividere i risultati con la rete. Un noto esempio è Candy Crush Saga: questo videogioco è stata l'applicazione più scaricata dall'App Store del 2013 e la sua pagina ufficiale conta più di 70 milioni di "Mi piace". Nel novembre 2015 l'applicazione e la società che l'ha sviluppata sono state acquistate dalla Activision Blizzard per 5,9 miliardi di dollari.

FIGURA 3.12 Candy Crush Saga.

Durante l'attività di gioco visualizzerete i punteggi dei vostri amici in una classifica e, quando raggiungerete un nuovo livello, potrete condividerlo direttamente dall'applicazione. Invitando i vostri amici a giocare a Candy Crush, vi garantirete delle agevolazioni sulla piattaforma: si tratta di un meccanismo *diabolico* pensato per incentivare la diffusione del gioco.

"Accadde oggi" vi permette di visualizzare avvenimenti del passato collegati alla data odierna. Cosa avete condiviso esattamente uno, due, cinque anni fa? Con chi avete stretto amicizia? In quale foto siete stati taggati? Facebook sottolinea la sua funzione di diario e vi propone così un tuffo nel passato (come LinkedIn per gli anniversari lavorativi) che potrete decidere di condividere o meno con il vostro network. Dalle foto di compleanno al giorno in cui avete fatto entrare nella vostra vita virtuale una persona poi diventata importante anche in quella offline. D'altra parte, sempre che li abbiate condivisi, esiste anche la possibilità che vi vengano riproposti ricordi sgraditi...

Interessi

Sotto l'etichetta "Interessi" troverete gli aggiornamenti di stato provenienti dalle pagine che seguite. Con un click finirete tra i post di Gianni Morandi o le foto dei piatti realizzati dallo chef Antonino Cannavacciuolo.

Eventi

Facebook è il mezzo ideale per organizzare, gestire e promuovere eventi di ogni natura e di diverso grado di complessità.

FIGURA 3.13 La schermata degli eventi.

Per prendere confidenza con questo strumento, date uno sguardo agli inviti che avete ricevuto dai vostri amici. Alla voce "Inviti", li troverete ordinati per data in minischede che riportano in breve:

- il titolo dell'evento;
- la data;
- l'organizzatore;
- il nome dell'amico che vi ha invitato;
- tre pulsanti con i quali potrete confermare il vostro interesse, la vostra partecipazione o ignorare l'evento.

Se rifiutate di aderire all'iniziativa attraverso il tasto "Ignora", potete impedire all'amico/mittente di invitarvi ad altri eventi: una misura efficace per difendervi in caso di abuso. Nel caso vogliate sapere di più sull'iniziativa, cliccate sulla scheda dell'evento: potrete conoscerne i dettagli e le dimensioni (numero degli invitati, dei partecipanti e degli interessati), invitare a vostra volta gli amici o scoprire gli eventi correlati. Facebook vi propone, inoltre, gli eventi popolari nella vostra rete, nelle vostre vicinanze e quelli affini alla vostra cronologia.

Cliccando su "Passati" potete accedere all'elenco completo degli eventi precedenti; grazie alla visualizzazione "Calendario" invece potrete avere un quadro sinottico non solo degli eventi, ma anche dei compleanni dei vostri contatti.

Attraverso il tasto "Crea" potete dare vita al vostro evento. Dovrete scegliere:

- una foto;
- un nome breve e chiaro;
- un luogo;
- la data;
- l'orario;
- una descrizione;
- se dare o meno agli invitati la possibilità di estendere l'invito a persone nella propria rete.

Creare un evento su Facebook è semplice, ma è solo il primo passo. Rendete indimenticabile sia il prima che il dopo evento, attraverso la pubblicazione di foto e video e la condivisione sul vostro profilo personale. Potete aggiungere i vostri eventi Facebook a Microsoft Outlook, Google Calendar o Apple Calendar.

A destra della barra blu

Nella colonna di destra della home, in testa alla chat, si trova il **riquadro degli aggiornamenti**, uno spazio in cui sono riportate in tempo reale tutte le singole attività svolte dai vostri amici: commenti lasciati, applicazioni utilizzate, contenuti pubblicati o nuove amicizie. Il flusso può essere eliminato attraverso il comando "Nascondi il riquadro degli aggiornamenti", visualizzabile cliccando sulla rotellina della chat.

Lo scopo di questo elemento è consentirvi di non perdere nessuna fra le attività dei vostri contatti. Ci sono volte in cui, tuttavia, la vostra esigenza potrà essere completamente opposta: è possibile scegliere di mantenere l'amicizia con un utente, ma non seguire le sue attività? Sì, è sufficiente recarsi nella homepage dell'amico e deselezionare la voce "Segui già". In questo modo potrete eliminare dal flusso degli aggiornamenti le attività di quel contatto.

Conclusioni

Avete imparato come esplorare la vostra homepage, spesso messa in secondo piano dall'enorme flusso di notifiche e messaggi provenienti dagli amici che compongono la vostra rete. Imparare a usare questo strumento è un primo, importantissimo passo in avanti verso un uso più consapevole di Facebook, che vi permetterà di potenziare il vostro network di conoscenze online e offline.

IN QUESTO CAPITOLO

- Inviare messaggi tramite Facebook
- Utilizzare la funzione "Cerca"
- Inviare messaggi alle pagine fan
- Gestire le notifiche
- Utilizzare le chat e (ri)scoprire le GIF
- Usare WhatsApp

Capitolo 4

Messaggi, notifiche e chat

Il *Cluetrain Manifesto* è un insieme di 95 tesi enunciate da Rick Levine, Christopher Locke, Doc Searls e David Weinberger nel 1999: ben prima dell'avvento dei social media, gli autori sostenevano che il web avrebbe sovvertito le pratiche commerciali tradizionali per la sua capacità di consentire conversazioni da "uomo a uomo", in un nuovo mercato fortemente interconnesso. Gli utenti di Internet nel 2015 sono arrivati a circa 3,5 miliardi in tutto il mondo e quelli di Facebook hanno superato 1,59 miliardi, ma Mark Zuckerberg vuole andare oltre con un ambizioso progetto. **internet.org** è un consorzio costituito tra Facebook e altre sei aziende (Samsung, Ericsson, MediaTek, Opera Software, Nokia e Qualcomm) il cui scopo è rendere accessibili i servizi di Internet nei Paesi meno sviluppati. Conversare su Facebook non è soltanto condividere commenti, pubblicamente, ma anche scambiare messaggi di carattere privato, fra due o più persone.

Inviare messaggi tramite Facebook

Dopo la fase di apertura del vostro profilo, eccovi al momento cruciale: entrare in contatto con i vostri amici.

Tutti gli iscritti a Facebook possono inviare e ricevere messaggi con un meccanismo simile a quello della posta elettronica. A ogni singolo profilo su Facebook, infatti, è associato un indirizzo e-mail del tipo `nomeutente@facebook.com`. Ci sono due modi per avviare una conversazione privata: potrete cliccare sull'etichetta "Messaggi" posta a sinistra della home (cfr. Capitolo 3) o sull'icona rapida a forma di due messaggi sovrapposti che vedete nella parte destra dell'ormai celebre barra blu.

CONSIGLIO

Se volete segnalare un contenuto a un vostro contatto in maniera privata, cliccate sul comando "Condividi" in calce al post e selezionate l'opzione "Invia come messaggio". In questo modo, l'aggiornamento di stato verrà ricevuto come messaggio privato: questa funzione garantisce maggior privacy rispetto alla pubblicazione del contenuto sul profilo di un amico, con relativo tag.

Per inviare un messaggio cliccate su "Nuovo messaggio" all'interno dell'apposita sezione. La pagina che vi si presenterà è simile a quella di un'e-mail: inserite uno o più destinatari, il testo e, se volete, allegate un file o una foto.

RICORDA!

I messaggi possono essere archiviati per praticità con il comando alla destra di ogni scambio oppure attraverso il tasto a forma di rotellina e la selezione dell'azione "Archivia". In seguito sarà possibile ripristinarli? Sì. Dal menu basta selezionare "Altro", cliccare su "Archiviati" e scegliere l'opzione "Annulla archiviazione".

In caso di bisogno potete inviare messaggi a persone di cui non siete amici (Figura 4.1). Se utilizzate Facebook principalmente per entrare in contatto con figure influenti nel vostro ambito lavorativo, potete presentarvi, instaurando così un primo contatto, o scambiare brevi battute (per esempio per chiedere un consiglio) attraverso questa funzione.

FIGURA 4.1 Scambio di messaggi con l'influencer de *La prova del cuoco* Daniele Reponi.

La funzione "Cerca"

Con questa funzione potrete richiamare una conversazione dall'elenco dei messaggi incolonnati nella parte sinistra dello schermo (potete trovarli o attraverso il nome dell'interlocutore o tramite il nome che avrete dato alla conversazione) oppure ricercare una determinata parola o espressione all'interno di uno scambio di messaggi (vi basterà cliccare sulla lente di ingrandimento che si trova a destra dell'intestazione di ogni chat, una volta aperta, visualizzando una barra come quella in Figura 4.2). In questo modo potrete muovervi più agilmente all'interno della vostra casella dei messaggi.

FIGURA 4.2 La funzione "Cerca" all'interno della casella dei messaggi.

RICORDA!

La messaggistica di Facebook si differenzia dalla posta elettronica per l'impossibilità di inviare lo stesso messaggio a più utenti contemporaneamente in copia conoscenza nascosta e a indirizzi di posta elettronica di persone non iscritte a Facebook.

Inviare messaggi alle pagine fan

Addio lunghe attese in linea con i call center: oggi sono tanti i grandi brand e le piccole e medie imprese che si affidano a Facebook per offrire un servizio di assistenza clienti. I social media non sono solo uno strumento per promuoversi, ma anche un mezzo per ascoltare le opinioni dei consumatori e aiutarli a risolvere dubbi e difficoltà. Se il cliente segnala un problema sulla pagina fan, spesso la conversazione viene spostata da chi gestisce la pagina in ambito privato attraverso lo scambio di messaggi dal tono informale e cordiale. Rapidità nella risposta e precisione nel fornire soluzioni ai problemi fidelizzano il consumatore, spesso stremato dalle tempistiche del tradizionale customer care.

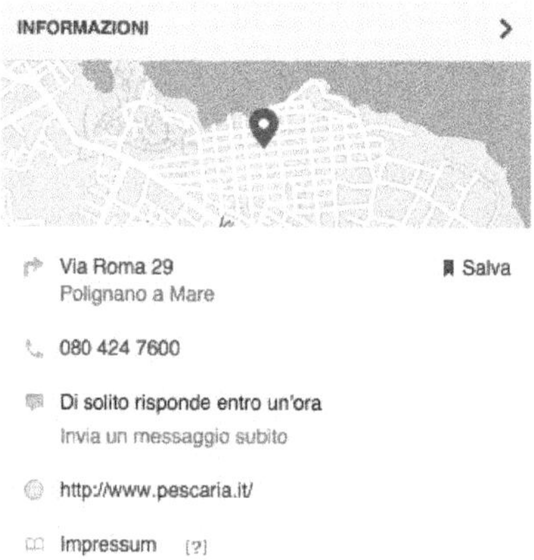

FIGURA 4.3 Scheda informazioni della pagina Facebook del fast-food di pesce pugliese "Pescaria".

Dalla figura si vede come il fast food pugliese "Pescaria" (Figura 4.3), specializzato in piatti a base di pesce fresco, abbia un tasso di reattività ai messaggi piuttosto alto: risponde infatti entro un'ora alle richieste dei propri clienti. "Pescaria" ha puntato molto su Facebook per promuoversi: tramite inserzioni a pagamento, Domingo Iudice, ideatore e responsabile marketing della catena di franchising, è riuscito a portare all'inaugurazione del locale 500 nuovi clienti. Il risultato? In un mese sono stati venduti 3.000 panini gourmet.

Nel caso abbiate una attività commerciale, quindi, non sottovalutate Facebook e la funzione "Messaggi", attraverso cui potrete entrare in contatto diretto con clienti e potenziali tali.

RICORDA!

Con una pagina non potrete scrivere privatamente ai vostri fan, come potreste fare con un profilo personale, ma usare un profilo personale per soggetti non personali è una violazione dei termini del servizio di Facebook e può portare alla sospensione o alla cancellazione del profilo.

Messaggi e notifiche

Quando gli utenti del vostro network vi avranno inviato un messaggio, Facebook vi avvertirà con una notifica.

CONSIGLIO

Dal menu "Impostazioni", andate a "Notifiche" e accedete alla sezione "Impostazioni di notifica" per decidere se e quali notifiche volete ricevere attraverso Facebook, via e-mail, su computer e dispositivi mobili, via SMS.

Chi ha tanti amici corre il rischio di avere intasata la casella di posta elettronica, quindi il nostro consiglio è di disattivare la ricezione via e-mail delle notifiche non urgenti. Volete ridurre ulteriormente le distrazioni? Create un filtro per ricevere le e-mail di notifica in una cartella diversa da quella dedicata alla posta in arrivo.

Nel 2015 Facebook ha introdotto un sistema di notifiche di invio, ricezione e lettura all'interno del servizio di messaggistica. Questa funzione permette di sapere se il ricevente ha letto il messaggio e se la comunicazione è andata a buon fine. Non si può più fingere di non aver letto un messaggio! Tenetelo a mente se avete pensato di ignorare la richiesta di qualcuno.

Chat

Grazie alla chat di Facebook potrete comunicare in tempo reale con i vostri contatti. Il servizio è disponibile nell'angolo in basso a destra della homepage: cliccateci sopra e visualizzerete tutti gli utenti collegati, accanto al cui nome apparirà un bollino verde. Andando sul comando "Opzioni", contraddistinto dall'apposita rotellina, potrete impostare la chat a seconda delle vostre esigenze (Figura 4.4).

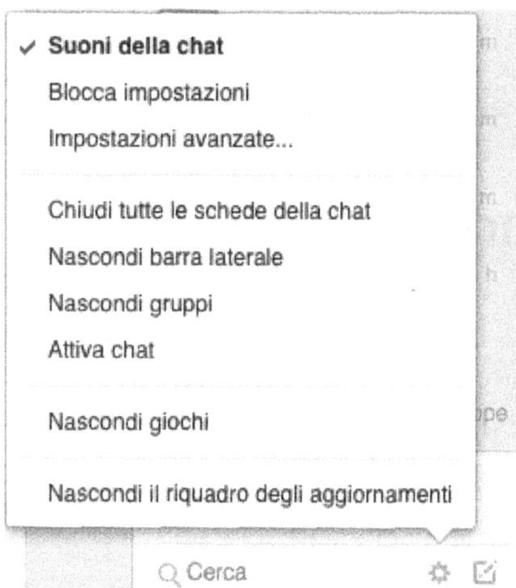

FIGURA 4.4 Impostazioni rapide della chat da computer.

RICORDA!

Quando la conversazione è tra due utenti online, i messaggi compaiono direttamente nella chat; se invece il ricevente non è connesso, il messaggio sarà recapitato in modo asincrono.

La chat di Facebook è diventata uno strumento trasversale e potentissimo. Se i vostri amici sono in gran parte utenti attivi di Facebook, può divenire una valida alternativa ai sistemi di messaggistica tradizionale, sia da computer che da smartphone. A tale scopo Facebook ha separato questa funzione dalla app principale, rendendo "obbligatorio" scaricare una seconda app, che si chiama appunto "Messenger" e che comprende soltanto la funzione di messaggistica e chat in tempo reale (Figura 4.5).

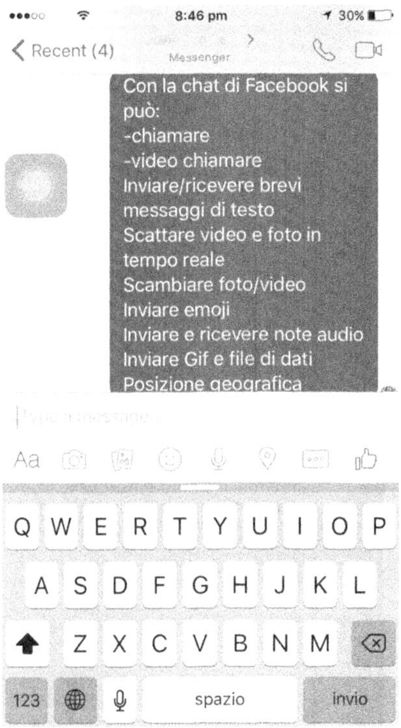

FIGURA 4.5 Screenshot di chat Facebook da smartphone.

Cosa sono le GIF

Le GIF, dall'acronimo inglese *graphic interchange format*, sono un formato di immagine che spopola sul web: occupano poco spazio, possono essere scaricate velocemente e soprattutto sono animate, perché formate da due o più immagini che si susseguono tra loro, come un minifilm di pochi secondi. Una volta avviata la riproduzione, si ripetono all'infinito. Nella chat di Facebook, utilizzatele per sdrammatizzare un concetto o una situazione o per esprimere il vostro stato d'animo con persone con cui avete confidenza o un rapporto informale.

FIGURA 4.6 Esempio di condivisione di contenuto GIF su Facebook.

RICORDA!

Sebbene la loro adozione sia recente, questi file, che stanno insidiando il primato di foto e video sul web, vengono dal passato. Le GIF sono state create nel 1987 dalla statunitense CompuServe, una società controllata da AOL, per facilitare il download di immagini a colori via Internet, sostituendo per sempre i formati di immagini in bianco e nero. Oggi il sito globalmente riconosciuto come il Google per le GIF è `www.giphy.com` (Figura 4.6), con un motore di ricerca dedicato e diverse sezioni tematiche.

WhatsApp

Creata nel 2009 da Jan Koum e Brian Acton, WhatsApp è un'applicazione di messaggistica istantanea multipiattaforma per smartphone e computer che oggi conta più di un miliardo di utenti attivi.

A febbraio 2014 Mark Zuckerberg aveva annunciato l'acquisizione di WhatsApp da parte di Facebook per 19 miliardi di dollari, una cifra record (l’affare si chiuderà poi a 22 miliardi!), giustificata sia dal know-how, sia dal capitale umano della società, sia dal numero di utenti in questo modo raggiungibili dal social di Menlo Park. Grazie a tale operazione, il principale competitor di messaggistica è entrato nella famiglia di Facebook e 1,8 miliardi di persone oggi comunicano istantaneamente sotto l’egida del social blu.

FIGURA 4.7
I numeri della comunità Facebook.

Uno esclude l’altro? Assolutamente no. Potrete usare WhatsApp per chattare a costo zero con i numeri della rubrica del vostro cellulare e Messenger per essere sempre in contatto con i vostri amici di Facebook, anche se non ne conoscete il recapito telefonico. Facebook consente ora di chattare da Messenger anche con gli utenti di cui non siamo amici ma che hanno un numero di telefono registrato su Facebook presente nella nostra rubrica. In ogni caso, l’obiettivo di Facebook è di consentire alle aziende di comunicare con gli utenti anche su questo canale, ragion per cui sarà bene seguire l’evoluzione di questi strumenti per chi si occupa di marketing online.

IN QUESTO CAPITOLO

Scaricare Facebook per mobile

Profilo e home sul telefono

Inviare messaggi

Chattare

"Amici nelle vicinanze" (Parte II)

Tutelare la privacy

Capitolo 5

Facebook sempre in tasca

Nel 1973 Martin Cooper, ingegnere alla Motorola, fa la prima chiamata con un cellulare nella storia; il telefono pesa 1,1 kg e impiega dieci notti per caricarsi. Nel 1983, esordisce sul mercato il Motorola DynaTAC 8000X, un telefono di dimensioni importanti, dalla linea "a mattonella" e dal costo elevato che lo rende inaccessibile ai più.

Perché i cellulari diventino più diffusi bisognerà attendere gli anni Novanta, quando Nokia fa il suo ingresso nel mondo della telefonia con un modello di grande successo: il Nokia 6110, quello del celebre gioco "Snake", per intenderci. Nel 2000, invece, arriva in commercio l'osannato Nokia 3310: antenna incorporata, 126 milioni di esemplari venduti e una fama di indistruttibilità.

I cellulari diventano sempre più sottili e si arricchiscono di funzioni: fotocamera, lettore MP3, schermo a colori. L'anno della svolta è il 2007 quando Apple presenta il primo iPhone, un ibrido che assomma tre diversi dispositivi: un iPod che riproduce audio, foto e video, un telefono cellulare con connettività Wi-Fi e un palmare di nuova concezione attraverso cui navigare in Internet.

Gli smartphone entrano prepotentemente nelle nostre vite e nel 2014 avviene il sorpasso: secondo i dati Audiweb, a giugno l'accesso a Internet da dispositivi mobili supera quello da computer.

Infatti oggi, in Italia, più del 26% degli iscritti a Facebook si connette solo ed esclusivamente da mobile.

Facebook... in miniatura!

Come fare ad avere Facebook sempre in tasca, passando dallo schermo da 15 pollici del vostro computer a quello da 5 pollici del vostro smartphone?

Come prima cosa dovrete scaricare l'apposita applicazione per il vostro dispositivo mobile, un'operazione che varia in base al vostro cellulare, ma che è sempre molto semplice e immediata. Ricercate l'applicazione sullo store e installatela.

CONSIGLIO

I tre principali spazi online dove scaricare applicazioni per smartphone sono:

- Apple App Store;
- Google Play Store;
- Windows 10 App Store.

ATTENZIONE

La app di Facebook cambia leggermente a seconda del sistema operativo dello smartphone (Android, Windows Phone o iOS): potreste quindi trovare delle leggere discrepanze tra ciò che visualizzate sul vostro telefono e quanto illustrato in questo capitolo, ma le differenze non saranno mai così sostanziali da rendere difficoltoso l'uso dell'applicazione, semmai doveste cambiare dispositivo.

L'homepage

Una volta scaricata l'applicazione, ecco apparire l'icona di Facebook sul vostro telefono. Apritela!

FIGURA 5.1 L'homepage di Facebook "in miniatura" per dispositivi mobili.

L'impatto grafico è semplice e lineare (Figura 5.1). Per orientarvi nella navigazione, focalizzate tre linee orizzontali da tenere a mente:

1. **la linea della barra blu, destinata alla ricerca, nel cui angolo destro troverete l'icona per l'avvio della chat;**
2. **la barra bianca delle azioni fondamentali da mobile che sono, in ordine, da sinistra verso destra:**
   - "Stato", per condividere un contenuto di testo o un aggiornamento;
   - "Foto", per scattare o registrare video in tempo reale;
   - "Registrati", per informare i vostri amici sulla località nella quale vi trovate.

3 **la barra bianca dalla quale si arriva alle icone che danno accesso rapido a:**

- notizie;
- richieste di amicizia;
- notifiche della chat;
- notifiche della sezione notizie;
- altre impostazioni.

Il profilo personale

Rispetto alla versione desktop, buona parte del vostro profilo mobile è dedicata alla foto copertina; al centro della schermata troverete la vostra foto profilo e il vostro nome e cognome.

Subito sotto tre icone per:

- » aggiornare le vostre informazioni;
- » controllare il vostro registro delle attività;
- » altro (cambiare l'immagine del profilo, cambiare l'immagine di copertina, collegamenti rapidi alla gestione della privacy).

La possibilità di produrre e pubblicare contenuti in tempo reale è uno dei motivi che rendono ideale la fruizione di Facebook da mobile: potrete scattare una foto o girare un video e condividerli immediatamente con il vostro network. Dai profili verificati (quelli con il bollino blu, dedicati ai VIP, vedi Figura 5.2) e da quelli aziendali, oggi tutti gli utenti hanno accesso a "Facebook Live" per avviare una diretta video streaming, con i propri amici, con un gruppo o con tutti gli utenti della rete. Tra le opzioni c'è quella di aggiungere una veloce descrizione come si fa già per foto e video in differita e selezionare gruppi di amici con i quali si vuole condividere il momento prima di renderlo pubblico. Ma non solo: durante il live chiunque potrà conoscere il numero degli spettatori, il nome degli amici connessi e visualizzare il flusso dei commenti.

FIGURA 5.2 La schermata del profilo personale Facebook di Mark Zuckerberg.

Se attraverso il comando "Aggiorna informazioni" posto sull'immagine di copertina potrete aggiungere o modificare le vostre informazioni base, quelle di contatto e quelle relative ai vostri gusti (dai libri letti ai gruppi di cui fate parte), tramite la gestione del registro delle attività potrete accettare o meno un tag in una foto, consentire o meno ai vostri contatti di scrivere sul vostro diario o, ancora, visualizzare la cronologia di tutte le interazioni che avete effettuato con i contenuti dei vostri amici.

Appena sotto il rettangolo bianco contenente le opzioni descritte, troverete il comando "Descrivi chi sei": avrete a disposizione 101 caratteri per una rapida stretta di mano virtuale con i vostri potenziali contatti. Parlate di voi e delle vostre passioni tramite una breve biografia, una citazione o un motto.

Messaggi

Come abbiamo già visto, avete la possibilità di contattare i vostri amici di Facebook tramite messaggi privati. Anche da mobile?

Sì, basta scaricare Messenger, l'applicazione su cui Mark Zuckerberg sta puntando tantissimo: effettuare pagamenti, contattare e prenotare un passaggio auto senza dover scaricare un'applicazione aggiuntiva, il servizio di customer service "M" sono solo alcune delle possibilità che Messenger già offre negli USA e che offrirà a breve ai suoi utenti, forse già quando avrete in mano questo libro.

RICORDA!

Per Messenger utilizzate la stessa procedura usata per scaricare l'applicazione di Facebook.

Il potere di questa applicazione attualmente risiede nella possibilità di scambiarsi messaggi di testo senza limite di caratteri, di effettuare chiamate e video-chiamate (Figura 5.3) con l'interlocutore sfruttando le tecnologie wi-fi o i protocolli di comunicazione 4G, con un semplice click sull'icona a forma di cornetta presente nella parte superiore della chat, accanto al nome dell'interlocutore.

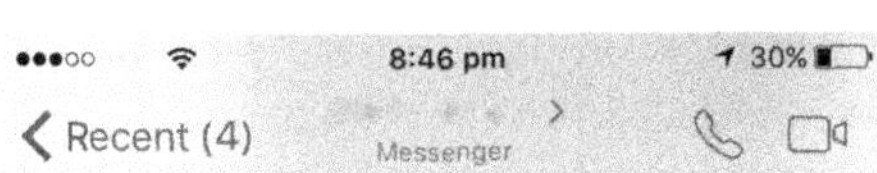

FIGURA 5.3 La opzioni Facebook "Messenger" per chiamare e video-chiamare.

Inoltre vi sarà possibile visualizzare quando è stata l'ultima volta che un amico si trovava online su Facebook per cellulare, grazie alla dicitura "Attivo X ore fa".

Chat

La chat si attiva toccando l'apposita icona in alto a destra nella barra blu (quella che riproduce la sagoma di un uomo, per intenderci). Dopo che vi avrete cliccato sopra, si aprirà l'elenco di tutti i vostri amici; ciascun nominativo è accompagnato o meno da un pallino verde, che vi indica chi è online al momento (Figura 5.4).

FIGURA 5.4 La schermata della chat di Facebook da cellulare.

Quando cliccherete sul nome della persona con la quale volete parlare, si aprirà direttamente Messenger, arricchito dalla funzione "Amici nelle vicinanze" grazie alla quale potrete conoscere la posizione degli amici più vicini a voi e, chiaramente, far conoscere la vostra.

FIGURA 5.5 "Amici nelle vicinanze".

La Figura 5.5 mostra (parzialmente) come verranno suddivisi i vostri contatti:

- amici nelle vicinanze;
- amici in viaggio;
- amici vicino a...

Per rientrare in queste particolari liste, dovrete attivare la funzione di localizzazione nelle impostazioni del vostro smartphone; pur variando in base al tipo di cellulare, le impostazioni sono solitamente indicate da ingranaggi color grigio.

Tale funzione tornerà utile ogni qualvolta avrete bisogno dell'aiuto della vostra rete social e vorrete interpellare per primi i contatti nelle immediate vicinanze (Figura 5.6).

FIGURA 5.6 Le social-richieste di aiuto lanciate su Facebook per smartphone grazie al GPS.

Facebook per cellulari vi facilita la vita

Eventi, attività commerciali, persone si spostano ogni giorno di più su Facebook e, di riflesso, nelle vostre tasche se utilizzerete l'applicazione mobilė. Ecco qualche esempio di come vi semplificherà la vita.

Dovete chiamare qualcuno, ma non avete il suo recapito telefonico? Andate sul suo profilo Facebook, cliccate su "Informazioni" e scoprite se lo ha indicato.

Se sì, cliccateci su e il vostro telefono farà il resto.

FIGURA 5.7 La schermata evento Facebook per smartphone.

Immaginate ora di dover partecipare a un evento in una città che non conoscete. Raggiungere la destinazione potrebbe essere difficile, ma Facebook vi viene in aiuto (Figura 5.7): dall'applicazione mobile aprite la scheda eventi e cliccate sull'indirizzo; vedrete comparire un menu a tendina che vi permetterà di scegliere tra:

- Visualizza Pagina;
- Apri nelle mappe;
- Apri in Google Maps;
- Copia indirizzo.

Optando per "Visualizza Pagina", finirete con il visitare la pagina Facebook di chi organizza l'evento; aprendo le mappe del dispositivo, vi troverete nella schermata dell'applicazione generica interna al vostro telefonino, mentre scegliendo Google Maps, navigherete tra le mappe più utilizzate in rete. Infine, copiando l'indirizzo potrete inviarlo a un amico con i servizi di chat di cui abbiamo parlato in precedenza.

Non una, ma... 18 applicazioni!

Come abbiamo visto in questo capitolo, quello da computer a smartphone è un passaggio quasi obbligato per restare in contatto con i propri amici di Facebook anche in mobilità. Nulla è stato lasciato al caso nel progettare l'esperienza di fruizione da mobile, che si arricchisce continuamente di nuove funzioni.

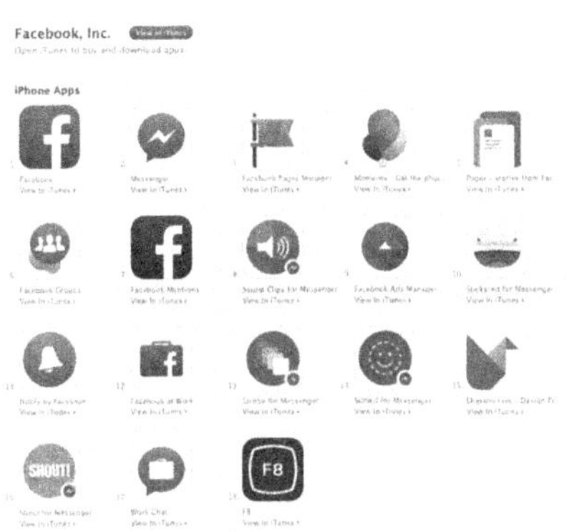

FIGURA 5.8 Tutte le 18 applicazioni sviluppate da Facebook.

A tale proposito, vi incuriosirà sapere che Facebook ha sviluppato un pacchetto di 18 applicazioni, utilissime se lavorate online. Ce ne sono per tutti i gusti, come al ristorante (Figura 5.8)!

Messenger, per esempio, si può abbinare ad altre 4 applicazioni che ne ampliano le potenzialità:

- Sound Clips for Messenger;
- Stickered for Messenger;
- Strobe for Messenger;
- Selfied for Messenger.

Sound Clips permette di inviare in chat suoni divertenti e a tema per rendere le conversazioni più "ricreative"; Stickered modifica le foto con emoji grafici da sovrapporre alle immagini (Figura 5.9); con Strobe for Messenger potrete realizzare in un attimo delle GIF animate e inviarle direttamente agli amici; Selfied sdrammatizza tutte le conversazioni con l'invio di un selfie (un autoscatto realizzato con la fotocamera interna del vostro smartphone) a tema.

FIGURA 5.9 Un esempio di modifica grafica di una foto usando "Stickered for Messenger".

Le restanti applicazioni sono dedicate ai professionisti della comunicazione, come i gestori di pagine Facebook.

Privacy

Rispetto alla versione desktop, Facebook ha lasciato invariate per il mobile le impostazioni dedicate alla privacy (Figura 5.10).

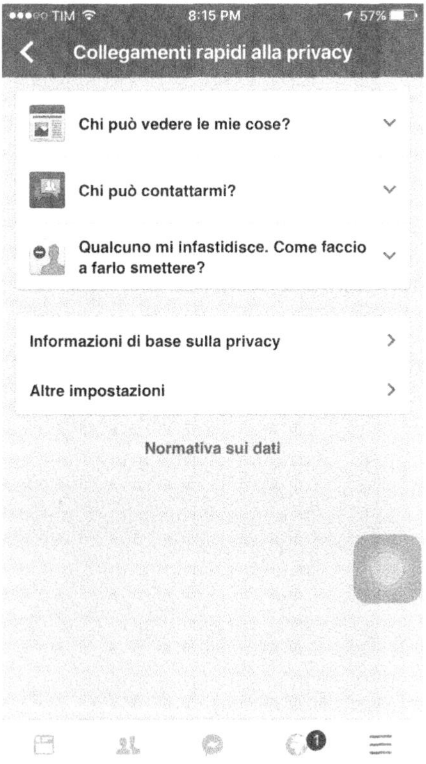

FIGURA 5.10 La schermata dedicata alla privacy, così come visualizzata da smartphone.

Considerate che, di norma, l'applicazione salva automaticamente sullo smartphone il nome utente e la password che state utilizzando: ciò significa che chiunque entri in possesso del vostro dispositivo avrà accesso alle vostre informazioni.

ATTENZIONE

Proteggete l'accesso ai dati del vostro smartphone con una password iniziale, così da minimizzare il rischio che qualcuno possa entrare nel vostro profilo e fare un brutto scherzo.

Vi consigliamo di disattivare il GPS laddove non sia necessario, poiché ogni aggiornamento di stato comunica in maniera automatica il luogo dal quale avete appena creato un contenuto. Per disattivare o attivare questa funzione è necessario andare alla sezione "Impostazioni", poi cliccare su "Impostazioni dell'applicazione" e, infine, su "Servizi sulla posizione di Messenger".

Conclusioni

Facebook per cellulare vi permette di avere il vostro mondo (social) in tasca e di raccontare il vostro vissuto in tempo reale attraverso la pubblicazione di foto e video. Grazie a Messenger potrete comunicare in maniera istantanea con i membri del vostro network privilegiando, quando necessario, quelli nelle vicinanze e arricchendo la vostra conversazione con suoni, selfie, sticker e GIF.

Gli strumenti sono tanti, ma, passo dopo passo, siamo sicuri acquisirete una sicurezza tale da essere voi a spiegare ai vostri amici "mummie" come utilizzare Facebook.

IN QUESTO CAPITOLO

Riconoscere una bufala

Tenere a mente le fonti autorevoli

Capire quali fonti scartare

Proteggere i dati sensibili

Segnalare una bufala

Capitolo 6

Attenti alle bufale

In ogni gruppo di amici, in ogni comitiva, in ogni bar, c'è sempre quello che la spara grossa. C'è sempre il simpaticone di turno che decide di mettere in giro voci su fantomatici eventi, in realtà mai accaduti. Pensateci: a scuola o all'università tutti abbiamo sentito parlare della "ragazza che se la fa con il prof. di matematica" oppure compatito "quella professoressa che, poverina, sta così perché le è morto il marito". Facebook non è assolutamente da meno, anzi: sul social network più famoso del mondo ogni battito d'ali diventa un uragano. Ogni volta che si pubblica qualcosa, che si condivide un articolo, ricordate che si parla in pubblico, fino a raggiungere potenzialmente oltre *un miliardo* di persone. Come accade quindi nella vita di tutti i giorni, la prima cosa da fare è imparare a riconoscere una bufala e saper discernere tra fonti autorevoli e fonti poco attendibili. All'interno di questo capitolo vi forniremo gli strumenti per farlo e per essere in grado di consigliare i vostri amici su come comportarsi al meglio.

FIGURA 6.1 Esempio di bufala.

Riconoscere una bufala

La Figura 6.1 è solo un esempio delle tante bufale che vedete apparire puntualmente sulle vostre bacheche, condivise dall'amico credulone di turno.

Solamente scorrendo la home di Facebook, avete tutte le informazioni necessarie per classificare un contenuto come "non attendibile", archiviarlo e, quindi, continuare nella ricerca di qualcosa più interessante. Il primo elemento da valutare è il sito d'origine, che con molta probabilità non rientrerà nella lista di quotidiani e portali online che normalmente consultate, fidandovi della loro reputazione, basata su anni di lavoro serio. Una controprova? Andate a visualizzare la pagina Facebook del sito in questione: vi accorgerete subito che giornalmente vi verranno condivise tante, troppe notizie poco verosimili. Dopo aver letto i commenti degli utenti, vi renderete conto in maniera chiara che siete davanti a una bufala.

Lo sappiamo, la curiosità è spesso più grande della bufala stessa, e la voglia di capirci qualcosa di più è un sentimento assolutamente umano. Davanti a simili notizie, il consiglio è non aprire l'articolo e non proseguire nella lettura: siti di questo genere vivono e guadagnano esattamente sfruttando le visualizzazioni di ignari utenti; nel caso facciate il contrario e clicchiate sul link incriminato, potrete togliervi ogni dubbio e capire, una volta per tutte, se vi trovate dinanzi a una mistificazione o meno.

Eccovi una breve lista di cose da controllare:

- l'autore dell'articolo;
- i nomi delle persone citate all'interno dell'articolo;
- documenti, norme e leggi citate a supporto della notizia;
- altre fonti che riportano la notizia.

Per prima cosa fate una breve ricerca su Internet per vedere chi c'è dietro l'articolo: chi fa informazione di qualità ha tutto l'interesse a metterci la faccia. Come seconda cosa controllate chi sono i fantomatici ministri che avrebbero annunciato un provvedimento rivoluzionario, i giornalisti cui viene attribuito uno scoop o gli scienziati che avrebbero fatto la scoperta del secolo. La rete offre il più grande archivio del mondo: se esistono davvero, qualcosa troverete. Come ultimo passo, fate una breve ricerca dei documenti citati, probabilmente usati dall'autore per dare autorevolezza al testo, ma senza un minimo di fondamento.

Tipi di bufala

Quello mostrato nel paragrafo precedente è un esempio dei tanti tipi di bufala che girano quotidianamente su Facebook; di seguito vi proponiamo un elenco delle più diffuse:

- Articoli acchiappa-click come nell'esempio in Figura 6.1.
- "Invia questo messaggio a X persone o il tuo account verrà cancellato".

Quando leggete una frase simile, l'unica cosa sensata che potete fare è dire al mittente di andare a farsi un giro: essere educati paga sempre. Potete stare tranquilli: se veramente Facebook decidesse di chiudervi l'account non vi salverebbe inviare quel messaggio nemmeno a centomila persone.

- **Facebook a pagamento.** Si tratta di un altro classico della bufala. Mark Zuckerberg ha tutto l'interesse a mantenere la piattaforma gratuita, ricordatelo. I denari, infatti, arrivano puntuali e copiosi ogni mese dalle inserzioni vendute a chi compra pubblicità per promuovere le proprie attività.

» **Catene per salvaguardare la privacy.** Come per il secondo esempio, quando vi viene richiesto di condividere un messaggio per salvaguardare qualche diritto che vi sarebbe stato negato, si tratta di una bufala. E se proprio non vi fidate di noi, seguite tutto l'iter illustrato qualche riga più su. Scoprirete da soli che avete davanti una notizia falsa bella e buona.

» **Richiesta di dati sensibili.** E qui, più che di una bufala, parliamo di truffa. Nessun membro dello staff di Facebook vi chiederà mai per messaggio privato di fornire i vostri dati sensibili o quelli per accedere al vostro account. Negateglieli sempre e denunciate il delinquente alla polizia postale.

Le fonti autorevoli

Nelle pagine precedenti, abbiamo introdotto il concetto di "fonte autorevole": fanpage, testate e siti che, quando postano una notizia su Facebook, possono essere considerati attendibili. Non è nostra intenzione farvi un elenco, ma piuttosto fornirvi i mezzi per riuscire a capire da soli quale peso dare alle parole che avete davanti.

Il consiglio primario è affidarvi a quelle fonti che consultereste anche fuori da Internet (Figura 6.2), quindi i siti e le pagine ufficiali delle testate giornalistiche che conoscete. Un altro esempio di fonte autorevole sono i profili verificati dei personaggi famosi, dei giornalisti, e delle aziende. Quando leggete della presunta morte del vostro idolo, prima di farvi prendere dal panico fate una visita alla sua fanpage ufficiale: sicuramente ogni dubbio svanirà.

FIGURA 6.2 Esempio di fonte autorevole.

ATTENZIONE

Nel fare queste verifiche, ricordatevi che le bufale sono generate appositamente per portare le persone a cliccare su un articolo falso o tendenzioso che racconta fandonie spacciandole per verità. Esistono però anche siti satirici (con la relativa pagina Facebook) tipo Lercio, che, invece, fanno ironia con notizie *palesemente* false o assurde e quindi non sono da considerarsi fonti di bufale.

Le fonti da scartare

Dal momento che esistono fonti autorevoli, è necessario trovare degli accorgimenti per individuare tutta una serie di fonti che vi consigliamo di scartare ancor prima di leggere il messaggio.

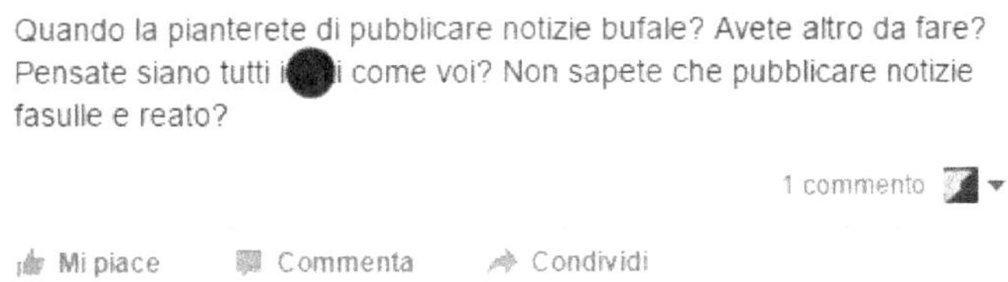

FIGURA 6.3 Controllate le recensioni degli altri utenti, la reputazione è importante.

Come nell'esempio in Figura 6.3, le recensioni degli utenti sono un campanello d'allarme per capire con chi, o cosa, vi state confrontando. Un commento negativo può essere un caso, due una mera coincidenza; quando sono numerose, continuare la lettura è uno spreco di tempo. Se una notizia è vera, prima o poi ne parleranno tutti.

Un'altra fonte da scartare sono i profili falsi, come in Figura 6.4.

FIGURA 6.4 Esempio di profilo falso.

Riconoscerli è semplice, basta osservare:

- **il nome:** spesso richiama quello di personaggi famosi o di fantasia;
- **l'immagine del profilo:** non si tratta mai di una foto reale, spesso ritrae una ragazza avvenente in una posa succinta;
- **la bacheca**: è priva di attività o piena di spam e notizie false.

Non date mai peso a messaggi, notizie, articoli o suggerimenti che arrivano da profili non riconducibili immediatamente a persone reali. Si tratta quasi sempre di bufale, nella migliore delle ipotesi, o addirittura di truffe in piena regola.

Come proteggere i dati sensibili

Ne abbiamo parlato brevemente nel secondo paragrafo, ma tutte le bufale legate alla condivisione dei propri dati meritano una menzione particolare:

Gentile utente,
sono un tecnico di Facebook e sto effettuando la manutenzione dei server. Per non perdere il suo account dovrebbe inviarmi i dati di accesso al suo account così che io possa settare il profilo.

Bufale, bufale, e ancora bufale. Non consegnate mai i vostri dati: il messaggio vi arriverà sempre da profili che, come avete già imparato, sono da scartare. Facebook non ha bisogno di chiedervi e-mail e password per controllare il vostro account.

Segnalare una bufala

Quando vi accorgete di essere davanti a una bufala, oltre ovviamente a cambiare pagina, potete segnalare la cosa direttamente ai tecnici, quelli veri, di Facebook. Eviterete così che qualcun altro incappi in spiacevoli inconvenienti.

FIGURA 6.5 Primo passo per segnalare una bufala.

Per prima cosa andate sulla pagina che ha condiviso l'articolo e cliccare su "Segnala post" (Figura 6.5), opzione che trovate tra le impostazioni in alto a destra del post.

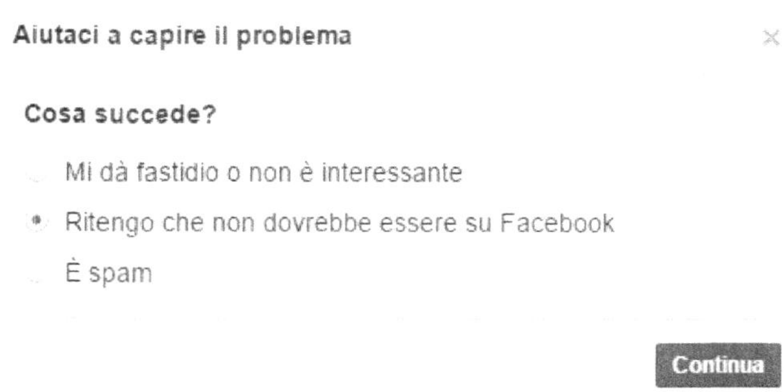

FIGURA 6.6 Secondo passaggio.

A questo punto si aprirà una nuova finestra dove poter scegliere tra tre diverse possibilità (Figura 6.6). In questo caso noi "non riteniamo che l'articolo debba stare su Facebook".

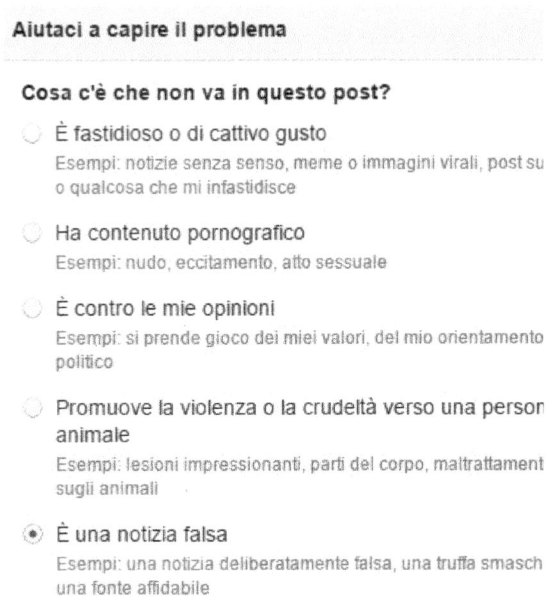

FIGURA 6.7 Scegliete il motivo della segnalazione.

Il nostro amato social network è molto attento ai bisogni dei propri utenti, e vuole capire nel dettaglio quali sono i problemi che li attanagliano. In questo caso tratta di una **notizia falsa** (Figura 6.7).

FIGURA 6.8 Completare la segnalazione.

A questo punto, per completare la segnalazione potete decidere di inviare un messaggio a coloro che hanno messo in giro la bufala, bloccare la fanpage, o semplicemente impedire che notizie provenienti da quella fonte appaiano sulla vostra bacheca (Figura 6.8).

2
Gli spazi pubblici di relazione

IN QUESTA PARTE. . .

Vedrete come coltivare le vostre passioni sviluppando, all'interno dei gruppi, relazioni con altri utenti con i vostri stessi interessi.

Approfondirete l'uso della pagina "ufficiale", ovvero lo strumento più utilizzato ed efficace per promuovere un'attività economica all'interno del social network.

Imparerete a promuovere un evento e a gestire un calendario di appuntamenti, tra pubblico e privato.

IN QUESTO CAPITOLO

- **Cosa sono i gruppi**
- **Partecipare a un gruppo**
- **Amministratori e membri**
- **Creare e gestire un gruppo**
- **Monitorare gli abusi**
- **"Facebook Groups" (Gruppi)**

Capitolo 7

Coltivare le passioni con un gruppo

Le passioni comuni sono un collante fortissimo fra gli individui, nella vita reale come in quella virtuale. Non a caso, sono numerosissimi i gruppi Facebook che aggregano persone unite dagli interessi più svariati, non importa se popolari o di nicchia: c'è chi ama il cinema e chi vuole vedere la stessa foto di Toto Cotugno ogni giorno, chi vuole imparare tutti i segreti di Instagram e chi si unisce per donare e ricevere oggetti usati, risparmiando ed evitando sprechi.

FIGURA 7.1 Il gruppo di Impact Hub Bari.

Gli iscritti a un gruppo avranno modo di esprimersi in prima persona, attraverso post e commenti, generando una conversazione vibrante e accesa che toccherà agli amministratori moderare.

RICORDA!

Un gruppo è una comunità (community) entusiasta che condivide un interesse e che si scambia contenuti testuali cui associa quelli multimediali, come foto e video.

ATTENZIONE

Quando pubblicate un contenuto su un gruppo, state attenti a essere in linea con il tema che accomuna gli iscritti: evitate di condividere informazioni o messaggi a scopo di propaganda o autopromozione, cioè di "fare spam" (ovvero di inviare messaggi pubblicitari indesiderati a una molteplicità di destinatari che non ne hanno fatto richiesta). Chi fa spam incorre infatti nel rischio di ricevere una segnalazione all'attenzione di Facebook o degli amministratori del gruppo e di vedere addirittura il proprio profilo disabilitato.

Come funzionano i gruppi

Iniziate a familiarizzare con questo strumento. Alla sinistra della homepage vedrete l'etichetta con la scritta "Gruppi", cliccateci su: si aprirà l'elenco dei gruppi dei quali fate parte (Figura 7.2).

FIGURA 7.2 La schermata "Gruppi".

Ogni gruppo presenta elementi simili, tra cui una foto copertina delle stesse dimensioni di quella che potete impostare sul vostro profilo, che rappresenta l'oggetto del gruppo e ne esprime l'identità. Cliccando sulla voce "Membri" vi sarà possibile visualizzare il numero degli iscritti e quali tra questi sono nella vostra cerchia di amici. Riceverete notifiche da Facebook circa le discussioni dei gruppi dei quali siete membri, con una frequenza che varia a seconda delle impostazioni che sceglierete dal menu a tendina visibile cliccando il tasto "Notifiche" sull'immagine di copertina.

Partecipare a un gruppo

Capita che gli utenti, presi dall'entusiasmo per lo strumento "Gruppi", si iscrivano compulsivamente a un numero elevato di questi. Facebook lo sa e vi dà la possibilità di partecipare fino a un massimo di 6.000 gruppi; se avete già raggiunto questo limite (ma dove trovate il tempo?!?), dovete lasciarne qualcuno prima di iscrivervi ad altri.

CONSIGLIO

Se non avete ancora disattivato le notifiche tramite e-mail all'indirizzo collegato al vostro profilo Facebook, vi consigliamo di farlo prima di iniziare a familiarizzare con i gruppi di Facebook, per evitarvi un fiume di notifiche che rischierà di farvi affogare nella vostra posta elettronica.

Vi ricordiamo che i gruppi possono essere impostati in base a tre livelli di privacy:

- pubblico;
- privato;
- segreto.

RICORDA!

È buona norma non invitare tutti i vostri contatti ai gruppi ai quali partecipate: rispettate la netiquette! Invitate soltanto quelli che credete possano genuinamente essere interessati. Ne guadagnerete in reputazione.

Amministratori o membri?

Ogni gruppo presenta due soggetti fondamentali: i membri e gli amministratori; studiate bene queste due figure prima di approcciarvi ai gruppi Facebook.

Gli amministratori sono:

- l'utente che ha fondato il gruppo, mosso dalla considerazione che non ne esisteva ancora uno e dall'interesse verso una data causa o argomento;
- gli utenti nominati amministratori dal fondatore del gruppo, perché esperti dell'argomento di cui si discute.

Tra i loro compiti:

- approvare l'iscrizione dei membri;
- moderare le conversazioni affinché siano conformi al linguaggio e agli interessi del gruppo;
- monitorare l'attività del gruppo, accettando di volta in volta i contenuti come link, foto e video che vengono pubblicati.

I membri vi si iscrivono per piacere o per lavoro: cercate anche voi i gruppi relativi a cause o interessi che vorreste approfondire o alle materie che trattate per lavoro; potreste avere la possibilità di contattare esperti della materia proprio attraverso i gruppi. Facile, no?

Creare un gruppo

Creare un gruppo è l'apice dell'esperienza di interazione tra gli utenti di Facebook: vi permetterà di allargare il network degli amici e sviluppare contatti per eventuali momenti di incontro nella vita reale.

È un'operazione che potete realizzare in pochi click: dalla sinistra della vostra homepage, selezionate "Crea gruppo" (Figura 7.3), compilate la scheda e il gioco è fatto.

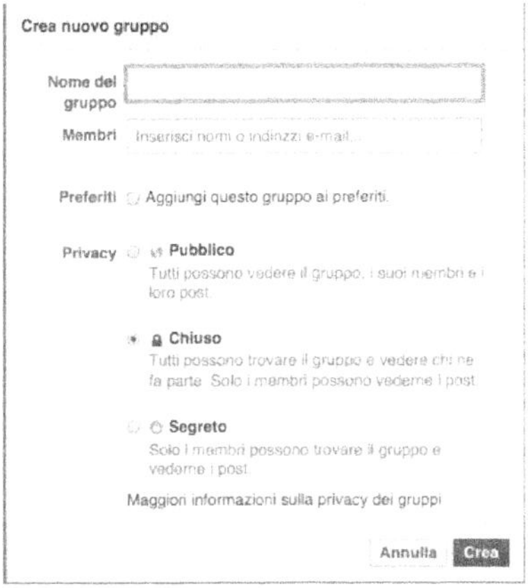

FIGURA 7.3 La scheda per creare un gruppo.

Stabilite il nome del gruppo, inserite i nomi o gli indirizzi e-mail di alcuni membri (è una procedura che potete completare in un secondo momento), scegliete se aggiungere o meno il gruppo ai "Preferiti", infine stabilite, in funzione dell'obiettivo che volete perseguire, come modulare la barriera all'ingresso e, quindi, in quale tipologia fare rientrare il vostro gruppo:

» **Pubblico**: è la modalità più diffusa e riguarda i gruppi "globali" ovvero aperti a qualsiasi membro iscritto a Facebook, che può accedere alla relativa pagina e iscriversi. La bacheca, l'area di discussione, le foto e i video sono visibili da chiunque navighi sulla pagina del gruppo.

» **Privato**: a differenza dei gruppi aperti, l'amministratore deve approvare ogni nuovo membro o questo deve essere invitato personalmente dal gestore stesso. Solo i membri potranno visualizzare bacheca, discussioni, foto e video. Tutti gli altri potranno leggere solo una pagina di presentazione, senza i contenuti dei membri, con la possibilità, se interessati, di chiedere l'iscrizione al gruppo.

» **Segreto**: questo genere di gruppo non è rintracciabile dal motore di ricerca interno e non può essere visitato da chi non ne è membro. Il nome del gruppo non apparirà nei profili dei suoi membri. L'iscrizione potrà quindi avvenire soltanto su invito. Come amministratori del gruppo potrete modificare in qualsiasi momento quest'opzione.

Quali sono le impostazioni sulla privacy disponibili per i gruppi?

Quando crei un gruppo, puoi scegliere tre impostazioni sulla privacy: **Pubblico**, **Chiuso** e **Segreto**. La tabella riportata di seguito indica chi può iscriversi a questi gruppi e quali contenuti sono visibili alle persone.

	Pubblico	Chiuso	Segreto
Chi può iscriversi?	Chiunque può iscriversi o essere aggiunto o invitato da un membro.	Chiunque può chiedere di iscriversi o essere aggiunto o invitato da un membro.	Chiunque, ma deve essere aggiunto o invitato da un membro
Chi può visualizzare il nome del gruppo?	Chiunque	Chiunque	Membri attuali e precedenti
Chi può vedere chi appartiene al gruppo?	Chiunque	Chiunque	Solo i membri attuali
Chi può vedere la descrizione del gruppo?	Chiunque	Chiunque	Membri attuali e precedenti
Chi può visualizzare i tag del gruppo?	Chiunque	Chiunque	Membri attuali e precedenti
Chi può vedere i post che pubblicano i membri del gruppo?	Chiunque	Solo i membri attuali	Solo i membri attuali
Chi può trovare il gruppo nelle ricerche?	Chiunque	Chiunque	Membri attuali e precedenti
Chi può vedere le notizie riguardanti il gruppo su Facebook (ad es. nella sezione Notizie e nelle ricerche)?	Chiunque	Solo i membri attuali	Solo i membri attuali

Se sei amministratore di un gruppo, scopri come cambiarne le impostazioni sulla privacy del gruppo.

FIGURA 7.4 I livelli di privacy dei gruppi.

Ora che avete creato il gruppo, Facebook vi chiederà di completare tutti i livelli di personalizzazione del gruppo, mostrandovi sulla destra dello schermo la percentuale di completamento (Figura 7.5).

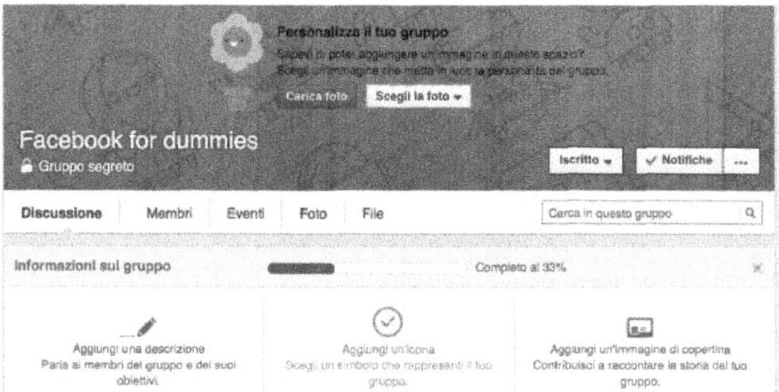

FIGURA 7.5 Il livello di completamento di un nuovo gruppo in percentuale.

La creazione di un gruppo sottende a una promessa: soddisfare i futuri membri e stimolarne la partecipazione attiva.

Gestire un gruppo

Gli amministratori godono di pieni poteri gestionali tra cui quello di modificare le impostazioni del gruppo. Fate quindi attenzione agli utenti cui conferite questa qualifica.

Una volta creato, la vita del gruppo dipende da voi: oltre ad alimentare i momenti di confronto e discussione online, organizzate incontri offline che promoverete grazie a un'altra funzione *ad hoc* del social, "Crea evento", di cui parleremo in seguito.

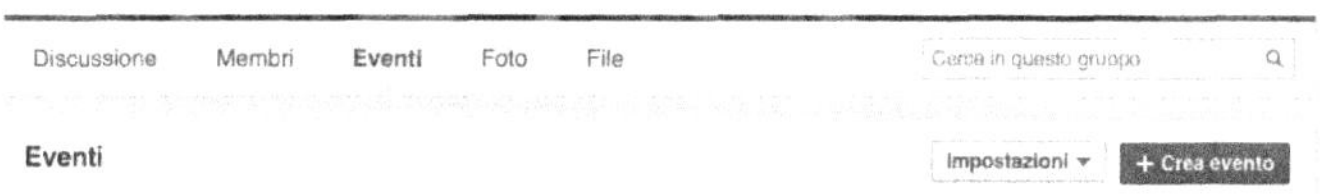

FIGURA 7.6 La schermata "Crea evento" dal gruppo.

Monitorare gli abusi

Ogni amministratore ha il diritto e il dovere di controllare tutti i contenuti che vengono divulgati sul gruppo, per sincerarsi che non siano fuori tema e che non violino nessuna regola di buona educazione.

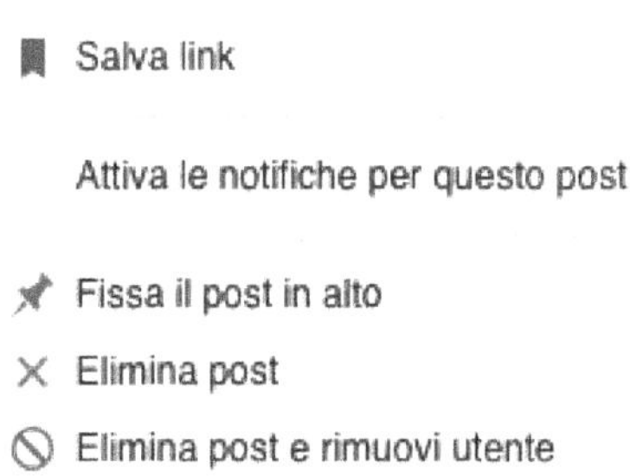

FIGURA 7.7 Il menu di gestione di un post.

Rispetto a un post, l'amministratore può in ogni momento effettuare le seguenti azioni (Figura 7.7):

» fissare in alto il post, come manifesto del gruppo e prima nota informativa per i nuovi membri;

» eliminarlo, se considerato inadatto rispetto all'identità del gruppo;

» eliminare contenuto e utente in un solo click.

Queste scelte si attivano con un semplice click sul simbolo a forma di "V" alla destra del post.

L'app Facebook "Groups" (Gruppi)

Come già detto, Facebook offre ai possessori di smartphone e tablet ben 18 applicazioni, una per ogni esigenza. Potevano mai mancare i gruppi? Considerate le richieste di iscrizione e la necessità di moderare le discussioni: poter gestire i gruppi in mobilità, quando si è lontani dal proprio computer, è diventato fondamentale.

FIGURA 7.8 La schermata dell'applicazione Facebook "Gruppi".

I gruppi contrassegnati come "preferiti" occupano la prima parte in alto della schermata dell'applicazione. Al di sotto della schermata sono disposti i restanti gruppi ai quali si è iscritti. Cliccando sull'etichetta alla destra della linea di demarcazione tra i gruppi preferiti e gli "altri", si aprirà un menu a tendina con tre opzioni di visualizzazione.

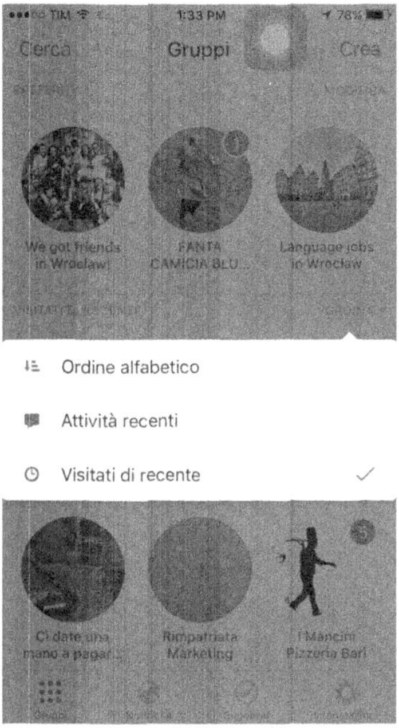

FIGURA 7.9 Le opzioni di visualizzazione dei gruppi non inseriti fra i preferiti.

Tenendo premuto sull'icona circolare di un gruppo potrete:

- inserirlo tra i preferiti;
- aggiungerlo alla schermata iniziale della barra di ricerca di Internet;
- aprire il menu delle impostazioni di notifica del singolo gruppo;
- nascondere il gruppo;
- abbandonare il gruppo.

Scegliendo la prima opzione, all'apertura dell'applicazione visualizzerete il gruppo nella prima riga in alto; aggiungendo il gruppo al browser di Internet, vi accederete rapidamente durante la navigazione.

Settare correttamente le impostazioni di notifica è particolarmente importante: potrete decidere di essere avvisati della pubblicazione di ogni singolo post sul gruppo, di non essere avvisati affatto, di ricevere avvisi solo quando vengono pubblicati i post degli amici o quelli definiti "In primo piano" (post degli amici e post suggeriti); se un gruppo di cui fate parte raggiunge 250 o più membri, l'opzione attivata per le notifiche sarà, per impostazione predefinita, "In primo piano" e può essere cambiata in seguito.

Se per un motivo qualsiasi volete rimanere membri di un gruppo, ma non seguirne più gli aggiornamenti, scegliete l'opzione "Nascondi gruppo". La funzione a nostro avviso essenziale è quella dell'abbandono del gruppo: molto spesso l'iscrizione ai gruppi è compulsiva, ma con questa semplice operazione potrete fare un po' di *repulisti* e seguire i vostri interessi in maniera più efficace e ragionata:

- » tenete premuto sull'icona del gruppo;
- » nel menu cliccate su "Abbandona il gruppo";
- » apparirà la frase: "Vuoi abbandonare il gruppo?" seguita da "Stai per abbandonare [nome del gruppo]?";
- » cliccate "Conferma".

Queste sono le indicazioni che trovate sulla app per i sistemi iOS; variano leggermente sugli smartphone Android e Windows Phone, ma i passaggi nella sostanza sono gli stessi.

Il gioco è fatto!

Osservate ora la riga in Figura 7.10.

FIGURA 7.10
La riga di gestione "Gruppi" dell'applicazione.

La prima icona a sinistra corrisponde alla home di Facebook e, in ogni fase della navigazione nell'applicazione, vi riporterà all'elenco di icone circolari che rappresentano i vostri gruppi.

La seconda icona da sinistra, che rappresenta il "Mondo", ci porta all'elenco di tutte le notifiche non ancora visualizzate da tutti i gruppi.

La terza icona, quella disegnata come una bussola e con la dicitura "Suggeriti", ci porta a scorrere tra una serie di gruppi raccomandati in base ai nostri interessi, ai personaggi pubblici che seguiamo, ai gruppi dei nostri amici e a quelli di cui già siamo membri.

La *celebre* rotellina apre infine la scheda delle impostazioni (Figura 7.11).

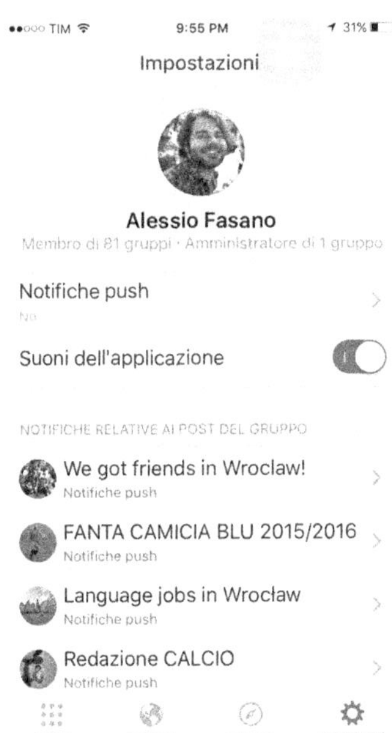

FIGURA 7.11
La scheda delle impostazioni dell'applicazione Facebook "Gruppi".

In alto vedrete la vostra foto profilo a forma di icona circolare e il vostro nome in grassetto; sotto troverete indicati il numero dei gruppi dei quali siete membri e il numero dei gruppi che amministrate. Seguono due righe con le indicazioni delle notifiche push ON/OFF che verranno inviate direttamente al vostro telefono; dovrete inoltre decidere, spuntando nuovamente le opzioni ON/OFF, se deselezionare o meno la notifica sonora dell'applicazione. Proseguendo troverete l'elenco di tutti i gruppi, per i quali potrete settare singolarmente le impostazioni relative alle notifiche (Figura 7.12).

FIGURA 7.12 La scheda delle impostazioni notifiche per singolo gruppo.

Dopo aver scelto le singole impostazioni di notifica per ogni gruppo a cui siete iscritti, con un semplice click potrete rivederli tutti in ordine alfabetico. Subito sotto troverete le informazioni sull'applicazione, con menu dedicati, come si vede in Figura 7.13.

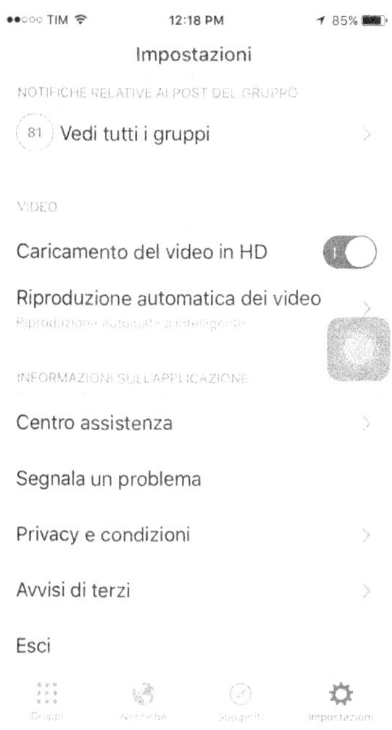

FIGURA 7.13 La scheda delle informazioni sull'applicazione.

Anche attraverso l'applicazione, proprio come da computer, potrete aggiungere o eliminare membri dai vostri gruppi e modificarne le impostazioni sulla privacy.

Perché l'applicazione "Gruppi"

Con questa applicazione potrete gestire comodamente i vostri gruppi e non perdere nessuna notifica; la troviamo particolarmente indicata per:

- famiglie: potrete condividere foto e file o organizzare le vacanze;
- gruppi sportivi: potrete pubblicare programmi di allenamento e organizzare eventi;
- gruppi di studio/lavoro: potrete condividere progetti e presentazioni.

Potete scaricare l'applicazione qui:

- `https://play.google.com/store/apps/details?id=com.facebook.groups`;
- `https://itunes.apple.com/it/app/facebook-groups/id931735837`.

IN QUESTO CAPITOLO

- Come funziona una pagina Facebook
- Dal profilo personale alla pagina fan
- Imparare da chi ha più "Mi piace"
- Capire il ciclo di vita di un post
- Facebook Pages
- Facebook Mentions
- Facebook Live

Capitolo 8

La pagina fan

L'aspetto di una pagina fan di Facebook è, a prima vista, simile a quello di un profilo privato: uno o più gestori in possesso delle credenziali di accesso vi pubblicano aggiornamenti di stato, link a siti, foto, video e comunicano con i fan tramite l'interazione con i post (Figura 8.1).

FIGURA 8.1 Un esempio di interazione tra pagina e utente.

Come funziona una pagina Facebook

Ma, allora, per le vostre attività professionali dovrete essere presenti su Facebook con un profilo personale o con una pagina fan? Se il vostro scopo è pubblicizzare la vostra azienda, il vostro blog e via dicendo, non incorrete nell'errore più classico di chi si approccia per la prima volta alla promozione della propria attività su Facebook: aprite una pagina fan. I motivi sono molteplici, vediamoli insieme.

Secondo i termini di servizio di Facebook, solo le persone fisiche reali con un nome, un cognome, una data di nascita (e più di 13 anni) e una vita vera (!) possono aprire dei profili personali; questa opzione è preclusa ad associazioni, aziende, cooperative e così via. Come abbiamo già accennato, un profilo può essere gestito da una sola persona che potrà avere massimo 5.000 amici e dei follower che ne visualizzeranno solo gli aggiornamenti pubblici; attraverso una pagina, invece, potrete richiamare infiniti fan (non amici, in quanto non potrete né inviare né ricevere richieste di amicizia, ma comunque ricevere e rispondere a messaggi. Guardate quanti sono quelli di Cristiano Ronaldo in Figura 8.2!). Senza una pagina non potrete usufruire della pubblicità di Facebook né disporre di statistiche relative al vostro pubblico e ai vostri contenuti, i Facebook Insights.

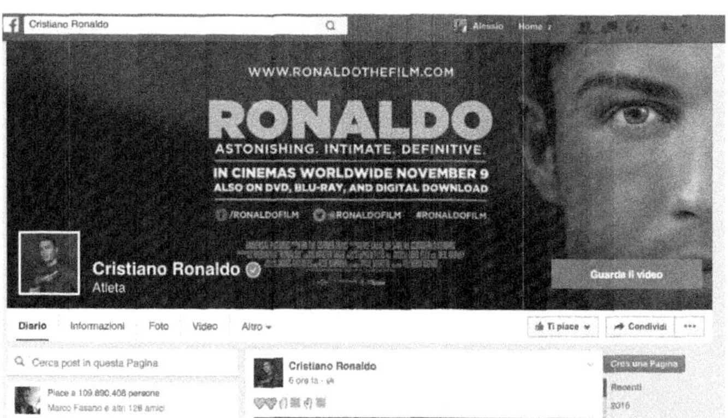

FIGURA 8.2 La pagina ufficiale di Cristiano Ronaldo.

Inoltre, se si violano i termini di utilizzo di Facebook, utilizzando il proprio account per rappresentare un soggetto diverso da se stessi, si rischia di perdere in modo permanente l'accesso al proprio profilo e a tutti i suoi contenuti, con l'obbligo di convertirlo in una pagina.

A oggi le pagine sono state lo strumento che ha fatto la fortuna di tanti: film e serie tv, partiti politici e loro leader, prodotti in edizione limitata, PMI, organizzazioni e liberi professionisti hanno promosso la loro dimensione d'impresa con la semplice (e gratuita) apertura di una fanpage. Come fare a trovare le pagine che potranno interessarvi? Selezionate gli inviti che vi arriveranno dai vostri amici e ispiratevi alle pagine che loro stessi seguono.

Dal momento che le pagine Facebook hanno tutte lo stesso livello di personalizzazione, la vostra arma vincente dovrà essere il contenuto: create post accattivanti che seducano il lettore con testo e immagini, al punto da spingerlo a promuoverli presso i loro contatti attraverso tag, condivisioni o inviti a mettere "Mi piace" alla pagina.

Prima che il sistema delle pagine fosse strategicamente implementato dal social blu, molti utenti esprimevano la loro ammirazione verso un brand dedicandovi dei profili personali. Oggi, se anche voi avete creato dei profili personali con intenti commerciali per la vostra azienda o professione non abbiate paura, non tutto è perduto: la migrazione da profilo a pagina è più facile di quanto pensiate.

Migrazione da profilo a pagina fan

Come abbiamo già detto, il limite di amici per i profili personali è 5.000 contatti; nonostante le sollecitazioni degli utenti, Facebook non sembra propenso a cambiare questa opzione per evitare di cannibalizzare le pagine fan, sui cui fonda il proprio modello commerciale. Come fare quindi a convertire un profilo personale in pagina?

FIGURA 8.3 Il dilemma tra pagina ufficiale e profilo personale.

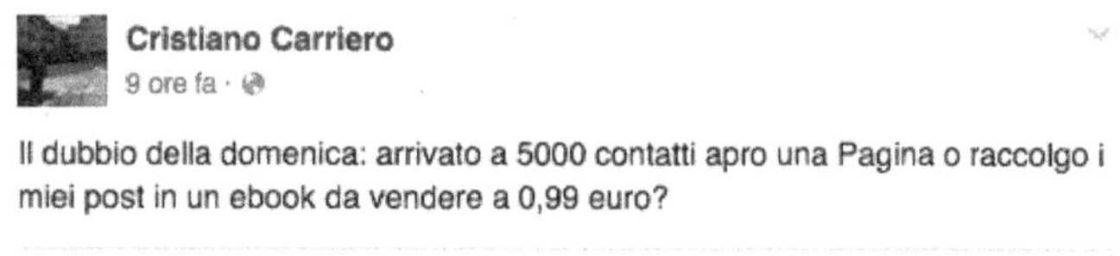

Scrivendo `www.facebook.com/help/175644189234902` nella barra degli indirizzi del vostro browser, accederete alla procedura di conversione; in questo modo, determinate informazioni, come l'immagine del profilo e quella di copertina, verranno trasferite automaticamente. Potrete anche aggiungere gli amici come persone a cui piace la vostra pagina e trasferire le foto che avete condiviso dal vostro account personale. Tenete presente che, per impostazione predefinita, la privacy delle foto che trasferite nella vostra nuova pagina sarà "Tutti". La procedura richiede 10 secondi, trascorsi i quali il nome della pagina sarà lo stesso del vostro profilo.

Le pagine con più "Mi piace"

Escludendo quelle di YouTube e di alcuni popolari software, le prime dieci pagine per numero di "Mi piace" sono le seguenti:

- Cristiano Ronaldo, calciatore, 110 milioni di fan;
- Shakira, cantante, 104 milioni di fan;
- Vin Diesel, attore, 98 milioni di fan;
- Coca-Cola, bevanda, 96 milioni di fan;
- Eminem, cantante, 91 milioni di fan;
- FC Barcelona, squadra di calcio, 91 milioni di fan;
- Real Madrid C.F., squadra di calcio, 87 milioni di fan;
- Leo Messi, calciatore, 84 milioni di fan;
- Rihanna, cantante, 81 milioni di fan;
- Michael Jackson, cantante, 75 milioni di fan.

Picasso sosteneva che i cattivi artisti copiano, quelli buoni rubano: se anche voi state per creare la vostra pagina Facebook, analizzate la gestione di queste 10 pagine e prendete qualche spunto. La regola d'oro, a nostro avviso, è pubblicare almeno un post al giorno in cui raccontate ai vostri fan cosa state facendo per loro, qual è il vostro lavoro: seduceteli con i vostri contenuti, raccontandovi.

Aprire una pagina Facebook

Per aprire una pagina Facebook, vi basterà cliccare sulla freccia all'estrema destra della barra blu del vostro profilo personale e selezionare "Crea una pagina" .

FIGURA 8.4 La schermata che mostra le possibili categorie per la pagina da aprire.

Vi apparirà un mosaico formato da sei tasselli (Figura 8.4), ognuno dei quali indica una categoria di pagina da aprire. Scegliete se la vostra può essere ricondotta a:

- un'impresa locale o un luogo;
- un'azienda, un'organizzazione o un'istituzione;
- un marchio o un prodotto;
- un artista, un gruppo musicale o un personaggio pubblico;

» "intrattenimento";

» una causa o una comunità.

Una volta scelta la categoria, dovrete inserire il nome che avete scelto per la pagina e cliccare su "Inizia". Individuate una foto profilo e una foto di copertina: alla prima è buona norma associare il logo dell'azienda o del brand e mantenerla invariata nel tempo, così che le persone possano collegare l'immagine grafica al nome; la seconda, invece, può essere aggiornata frequentemente: sarà il vostro biglietto da visita e rappresenterà non solo i vostri prodotti o servizi, ma, soprattutto, l'universo di emozioni legato al vostro brand. Allenatevi quindi a scegliere e a produrre immagini evocative.

La foto profilo seguirà i seguenti parametri:

» deve essere almeno di 180x180 pixel;

» viene visualizzata con dimensioni di 160x160 pixel sui computer e 140x140 pixel sugli smartphone;

» viene ritagliata in forma quadrata.

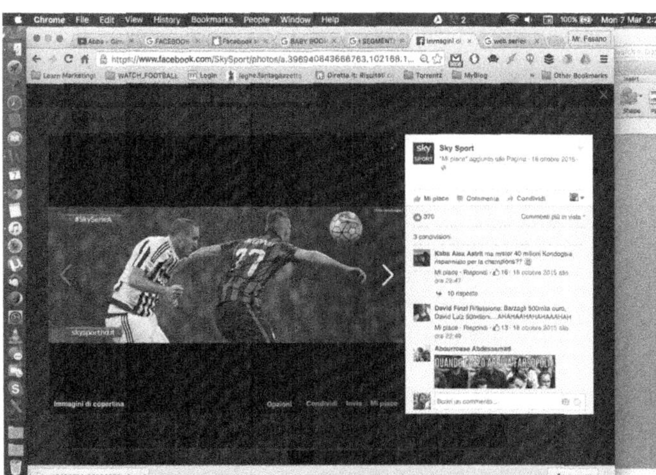

FIGURA 8.5 La foto copertina della pagina ufficiale di Sky Sport.

ATTENZIONE!

Non potete mostrare inviti diretti all'acquisto, come per esempio "Sconto del 50%" o "Scarica il coupon dal nostro sito web". È vietata anche la sollecitazione diretta a diventare fan o l'inserimento di informazioni di contatto che andrebbero messe nell'apposita sezione su chi siete.

La foto copertina sarà uno strumento dinamico della vostra pagina Facebook. Seguite l'esempio di Sky Sport Italia (Figura 8.5) e aggiornatela ogni 7 giorni, in base all'evento più significativo, ai protagonisti e agli obiettivi della vostra settimana.

RICORDA!

Tutte le foto copertina verranno automaticamente archiviate in un album della vostra pagina.

Gestire una pagina Facebook

Come vi abbiamo anticipato, per far sì che una pagina funzioni è necessario:

- *Produrre buoni contenuti.* Raccontate il vostro marchio o un personaggio pubblico mettendoci la faccia e colpendo al cuore i vostri lettori; optate per un linguaggio semplice e naturale.
- *Interagire con i fan.* Rispondete a quanti più fan possibili, date consigli, ringraziateli per eventuali apprezzamenti e, soprattutto, gestite le critiche. Se avrete coltivato un rapporto sincero con i vostri fan più affezionati, saranno loro a difendervi in caso di attacco.
- *Essere coerenti.* Guadagnate la fiducia dei fan dimostrando che non siete lì, dietro un computer, esclusivamente per accattivarvi qualche cliente e contare i guadagni non appena voltato l'angolo. Il pubblico si aspetta coerenza e attenzione da parte vostra anche dopo che avrà acquistato il vostro prodotto o servizio. E voi non potete deluderlo.

Ritroviamo questi tre elementi nella pagina Facebook della YouTube-star e Iena di Italia 1 Frank Matano (Figura 8.6).

FIGURA 8.6 La schermata del primo episodio della web serie di Frank Matano.

L'artista di Santa Maria Capua Vetere ha raggiunto la notorietà grazie a una serie di video dedicati a scherzi telefonici ed esperimenti sociali sul suo canale YouTube, *lamentecontorta*; è poi approdato sul piccolo e sul grande schermo come conduttore e attore, ma non ha dimenticato Internet e recentemente ha rilasciato esclusivamente per il suo canale Facebook una web serie (una fiction a episodi che va in onda solo su Internet) che ha totalizzato 100.000 visualizzazioni in soli cinque giorni: si tratta di un chiaro esempio di come stimolare il proprio pubblico all'interazione attraverso i contenuti.

La vita di un post

Con l'avvento delle inserzioni a pagamento, il ciclo di vita naturale di un post non sponsorizzato si è accorciato molto. Subito sommersi nel flusso delle notizie, i vostri post rischiano di scivolare nel dimenticatoio nell'arco di un paio di giorni: mixate immagini, video, note, contenuti emozionanti o utili per fare sì che raggiungano un pubblico più ampio possibile e siano visibili più a lungo. Ma con quale cadenza dovrete postare contenuti sulla vostra pagina fan? Bando all'improvvisazione: non è possibile pubblicare soltanto quando ne avete voglia o siete ispirati, come fate sui vostri profili personali, ma dovrete seguire una programmazione, cioè un calendario editoriale. Si tratta di una pianificazione dei contenuti come quella pensata dalla redazione di un quotidiano o di una rivista, per intenderci, ben lontana dalla gestione poco professionale che purtroppo, ancora oggi, si riscontra spesso nelle pagine delle piccole imprese locali.

FIGURA 8.7 Lo strumento di programmazione dei post.

Se nei primi 5-6 minuti dalla pubblicazione il vostro post non avrà ricevuto "Mi piace", commenti o condivisioni, molto probabilmente sparirà rapidamente dalla sezione notizie dei vostri fan. Una menzione speciale la meritano le condivisioni: si tratta della tipologia più potente di interazione, e permetterà ai vostri post di essere visti da tutti i contatti dell'utente che lo condivide, aumentandone di riflesso la reach organica (ovvero il numero delle visualizzazioni nella sezione Notizie da parte dei potenziali clienti).

Gestire le pagine dallo smartphone

Anche le pagine fan sono gestibili da un dispositivo mobile, attraverso l'applicazione Gestore delle Pagine Facebook (Figura 8.8), rappresentata da una bandierina arancione. Scaricatela e potrete:

- condividere contenuti di tipo testo, video e foto;
- rispondere ai commenti a nome delle pagine;
- visualizzare e rispondere ai messaggi privati inviati alle pagine;
- visualizzare gli ultimi risultati di interazione con un vostro post.

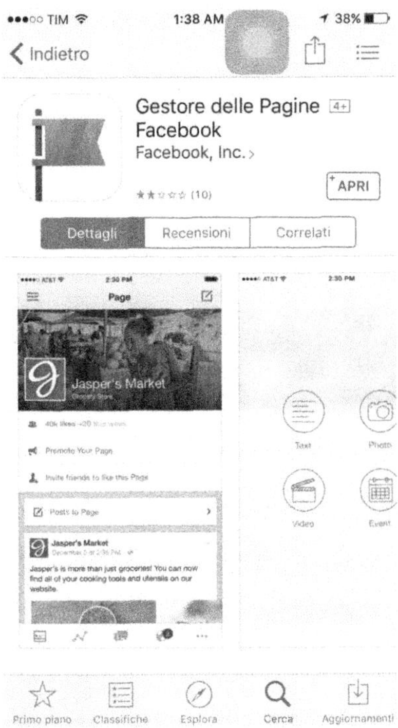

FIGURA 8.8 La schermata di download del gestore pagine.

Il gestore pagine è un valido alleato per lavorare in mobilità e non perdere neanche una notifica dalle vostre pagine, anche se numerose. Se avete appena condiviso una foto e volete vedere qual è stata la risposta dei vostri fan, ma siete dal dentista, nessun problema: vi basterà un tocco sul vostro cellulare.

FIGURA 8.9 La schermata dell'analisi dati da smartphone.

Nei capitoli successivi, vedremo meglio quali e quante pubblicità potrete creare su Facebook e qual è la differenza tra i differenti tipi di copertura che appaiono in Figura 8.9: vi mostreremo alcuni casi studio che vi faranno capire come trarre vantaggio anche da piccoli investimenti pubblicitari.

Facebook Mentions per smartphone

Gestite l'immagine pubblica di un personaggio famoso? Siete una persona pubblica con profilo verificato con il simbolo blu della spunta (Figura 8.10)? Scaricate subito Facebook Mentions per smartphone!

FIGURA 8.10 Il profilo di Claudio Baglioni.

Con Facebook Mentions potrete:

- registrare video dal vivo durante eventi o concerti;
- interagire con i fan;
- vedere cosa è di tendenza su pagine simili alle vostre;
- condividere contenuti su Twitter, Instagram e via dicendo in un click;
- raccontare la vostra storia tramite sessioni "domande e risposte" interattive.

Facebook Mentions è il vostro canale televisivo dedicato e ha un potenziale enorme se ne massimizzate l'utilità. Recentemente alcuni personaggi divenuti famosi negli anni Ottanta, e poi finiti nel dimenticatoio, stanno vivendo una nuova giovinezza e un momento di grande popolarità presso i più giovani, proprio grazie ai social media: per esempio, Gianni Morandi (Figura 8.11) e Jerry Calà hanno fatto dell'interazione tramite Facebook Mentions il loro tratto distintivo, con sessioni di domande e risposte settimanali, dirette dagli eventi e così via.

FIGURA 8.11 Il profilo di Gianni Morandi.

RICORDA!

Facebook Mentions, al momento di andare in stampa, è disponibile solo per i personaggi pubblici verificati. L'icona di Facebook Mentions è come quella dell'applicazione Facebook per smartphone, ma è di colore nero anziché blu. Per ottenere l'accesso a Mentions, visitate: `http://facebook.com/mentions`.

Analizzando le pagine dei due VIP sopra indicati, vi accorgerete del fatto che sono riusciti proprio grazie alla loro attività su Facebook a unire generazioni diversissime di fan, dai baby boomer con in mano il telecomando (i nati nel dopoguerra e chiamati così a causa dell'incremento demografico improvviso), alla generazione X (successiva a quella dei baby boomer e definita così perché ritenuta senza identità), ai millenial sempre dotati di smartphone (i nati dopo il 1980, sono gli utenti per cui Facebook è stato progettato). Anche per questo, sono rimasti sulla cresta dell'onda, garantendosi collaborazioni con colleghi più giovani e popolari, ospitate e nuovi progetti.

Facebook Live per le pagine

Facebook Live (Figura 8.12) è il servizio di diffusione video che, strategicamente, permette a Facebook di popolarsi di filmati e competere con YouTube come primo video broadcaster (la televisione online) della rete. Inizialmente questo servizio era destinato solo agli utenti con pagine verificate, ma dalla fine di febbraio 2016 tutti possono andare in diretta, e rendere partecipi gli amici delle loro attività nel momento in cui stanno avvenendo.

Ecco alcune caratteristiche di Facebook Live:

- il numero di visualizzazioni è in alto a sinistra;
- potete controllare l'interazione live tramite commenti e "Mi piace";
- il video rimane disponibile sulla vostra timeline;
- potete modificare titolo, data, ora e descrizione del video;
- la durata massima di un post video live è 30 minuti.

FIGURA 8.12 Il live del profilo ufficiale dell'AS ROMA.

Questo strumento aumenterà l'interazione con i vostri fan. Tenete a mente che è accessibile solo da smartphone, cliccando sull'icona dell'omino all'interno di due cerchi (Figura 8.13). Dopo il click, si aprirà una schermata che vi permetterà di inserire la descrizione e il livello di privacy del video (Figura 8.14): cliccate sul bottone azzurro "Trasmetti in diretta" e il gioco è fatto.

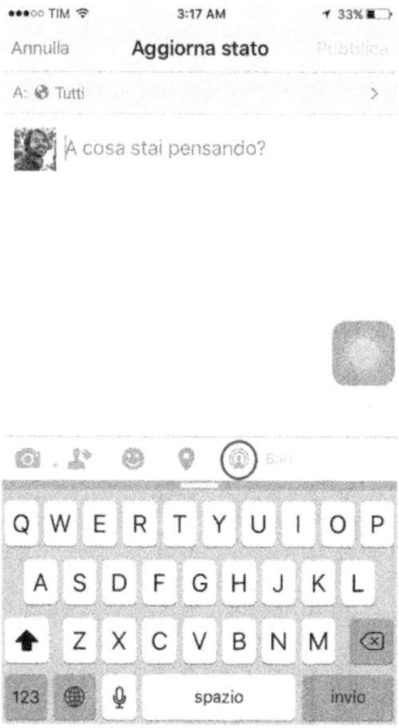

FIGURA 8.13 L'icona per avviare la diretta Facebook tramite smartphone.

FIGURA 8.14 La schermata di pre-registrazione della diretta Facebook.

Volete inoltre sapere chi "è in onda" in questo momento? Nell'elenco delle applicazioni a sinistra della home da desktop, è comparso di recente il link "Live Map", per poter vedere la mappa mondiale con tutti i Facebook live attivi in real time.

FIGURA 8.15 Nella sezione "Applicazioni" puoi cliccare per vedere dove stanno girando i live.

IN QUESTO CAPITOLO

- Usare la piattaforma degli eventi
- Creare un evento
- Gestire un evento
- Promuovere un evento
- Sponsorizzare un evento
- Capire i vantaggi dello smartphone

Capitolo 9

L'agenda degli eventi

Dopo aver ritrovato i vostri ex compagni di scuola su Facebook, averli aggiunti agli amici e familiarizzato nuovamente con loro attraverso "Mi piace", commenti e messaggi privati, è arrivato il momento di organizzare una bella rimpatriata. Tra tutti gli strumenti che il social network vi mette a disposizione, gli eventi rappresentano certamente un modo per chiudere il cerchio e incontrare offline le persone conosciute (o ritrovate) in rete: dal "Mi piace" alla stretta di mano insomma.

Creare, gestire e partecipare a un evento grazie a Facebook è facile, immediato e gratuito; questo strumento vi permetterà di capire se il vostro invito è stato accolto con entusiasmo o meno (e quindi quante persone parteciperanno all'evento), di ringraziare gli intervenuti quando l'iniziativa si sarà conclusa e di raccogliere feedback utili per organizzare altri eventi in futuro.

La piattaforma degli eventi

Per iniziare, date uno sguardo alla sinistra dell'homepage: troverete nella colonna una sezione contrassegnata da "Eventi". Passateci sopra il mouse e vedrete comparire la scritta "Altro" (Figura 9.1): cliccateci su per aprire la schermata che contiene tutti gli eventi ai quali siete stati invitati.

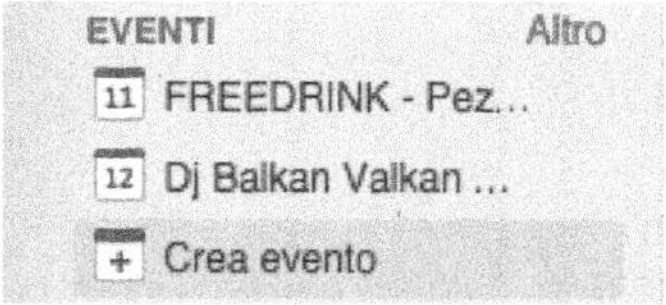

FIGURA 9.1 La colonna "Eventi" alla sinistra dell'homepage.

A sinistra, la schermata mostra tutti gli eventi e alcune opzioni:

- » In programma;
- » Calendario;
- » Aggiornamenti attivati;
- » Passati;
- » Crea.

Seguendo questo menu non perderete un evento, che si tratti del compleanno di un collega o dell'anniversario di matrimonio di una coppia di amici.

Cliccando su "In programma", otterrete il diario dei prossimi eventi, suddivisi in "Tutti", "Inviti" e "Organizzati", oltre che per settimana.

RICORDA!

Se siete stati invitati a un evento a cui non volete partecipare, Facebook vi dà la facoltà di cliccare sul bottone "Ignora" come avviene per le richieste di amicizia. In precedenza si poteva fare ricorso solo al bottone "Non parteciperò", ma perché rischiare di risultare antipatici agli organizzatori dell'evento?

La funzione "Calendario" (Figura 9.2) vi permette di visualizzare, con un solo colpo d'occhio, sia i compleanni, sia gli eventi organizzati dalle pagine che seguite e dai vostri amici.

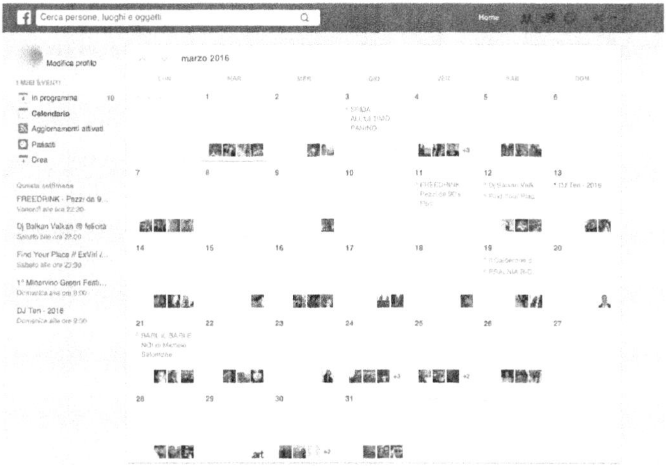

FIGURA 9.2
La visualizzazione a blocchi del calendario.

Come avviene sull'applicazione calendario del vostro smartphone, potrete visualizzare tutti gli eventi in blocchi: espandetene uno cliccandoci su e potrete leggere maggiori informazioni nella pagina dedicata, scorrere le discussioni e capire quale sia la risposta cognitiva, affettiva o comportamentale, il cosiddetto *sentiment*, con cui i partecipanti si approcciano all'avvenimento.

Grazie alla funzione "Aggiornamenti attivati" potrete visualizzare gli eventi organizzati dalle pagine fan. Cliccando su "Gestisci", potrete disattivare la ricezione degli aggiornamenti dalle stesse.

Tornando alla schermata principale degli eventi, vedrete sulla destra la colonna dei compleanni della settimana (Figura 9.3). Una delle regole di convivenza non scritte prevede di impiegare pochi secondi al giorno per fare gli auguri ai propri contatti. Cosa saranno mai rispetto ai 20 minuti al giorno trascorsi in media su Facebook da ogni italiano iscritto?

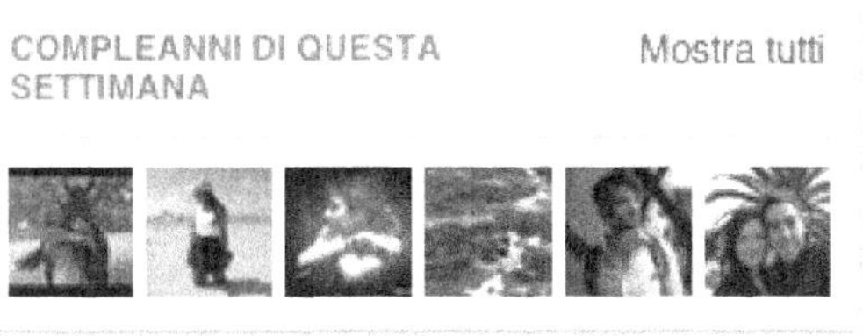

FIGURA 9.3
La scheda che mostra i compleanni.

Creare un evento

L'ultima etichetta, "Crea", vi porta direttamente nel cuore del processo di creazione, gestione e promozione di un evento, con buona pace di tutti gli organizzatori professionisti.

Cliccate sul pulsante "Crea" e iniziate a compilare la scheda relativa al vostro evento (Figura 9.4). Alcuni campi sono obbligatori, altri facoltativi: il nostro consiglio è di compilarli tutti, in maniera tale da offrire all'utente il maggior numero di informazioni. Procedete inserendo nome, data, ora, luogo e una breve descrizione.

Gli eventi hanno due livelli di privacy: privato e pubblico.

FIGURA 9.4 La scheda per creare un evento pubblico.

Un evento privato è visibile solo alle persone invitate, ma potete consentire agli invitati di estendere l'invito ai propri amici. Le persone non invitate non possono visualizzare la descrizione, le immagini, i post in bacheca e i video dell'evento.

Un evento pubblico è visibile a tutti all'interno e all'esterno di Facebook: chiunque può vedere la descrizione, le foto, i post in bacheca e i video dell'evento, iscritto o meno non ha importanza.

La scelta fra i due livelli di privacy dipende chiaramente dallo scopo che volete raggiungere: il compleanno a sorpresa della vostra migliore amica sarà molto diverso dall'evento organizzato dalla rete per chiedere che i "the JackaL" siano i presentatori del prossimo Sanremo (Figura 9.5).

FIGURA 9.5 L'evento pubblico "The Jackal presentatori Sanremo 2017".

Ricordate di impostare una splendida immagine di copertina, magari evitando di utilizzare la locandina dell'evento: realizzate qualcosa di graficamente accattivante, che susciti l'interesse degli invitati e rispecchi lo spirito dell'evento.

RICORDA!

Gli invitati agli eventi pubblici possono invitare a loro volta i loro amici e accettarne la partecipazione al fine di aumentare la diffusione dell'evento: tenetelo a mente quando scegliete il livello di privacy che volete dare all'evento.

Gestire un evento

Facebook permette agli organizzatori di avere il massimo controllo sulla gestione della promozione di un evento. Facciamo un esempio particolare: il vostro matrimonio.

Se i vostri invitati sono fra l'oltre miliardo e mezzo di persone che usa Facebook, il social-matrimonio "s'ha da fare"! Create un evento privato, spedite i vostri inviti virtuali e inviate un messaggio privato personalizzato a tutti. Prima di tutto, avrete un feedback di lettura del messaggio (grazie alla dicitura "Attivo x minuti fa" e alla spunta della chat) impossibile da ottenere con la partecipazione cartacea; inoltre, nel periodo che precede il giorno del fatidico sì, potrete alimentare l'interesse postando contenuti come foto e video oppure dare informazioni utili sulla location, dal clima alla sistemazione in albergo. Immaginate poi, dopo il matrimonio, di invitare gli intervenuti a svuotare letteralmente il proprio smartphone sulla pagina dell'evento: video e foto saranno un ricordo indelebile alla portata di tutti. Il tutto senza troppa fatica, ma al vostro posto invieremmo comunque una partecipazione cartacea: non sia mai che qualche lontano parente non lo venga a sapere!

Promuovere un evento

Il cuore della promozione di un evento sono gli stessi invitati: se produrrete contenuti accattivanti, grafiche spettacolari e video coinvolgenti, i commenti, i "Mi piace", le interazioni e soprattutto le condivisioni, che popoleranno le bacheche dei partecipanti, incuriosiranno e coinvolgeranno altre persone. La massima aspirazione per chi organizza un evento è che la maggior parte degli invitati accetti l'invito pubblicando i post e contenuti sulla pagina dell'evento, sia nella fase dei preparativi sia quando questo è ormai concluso.

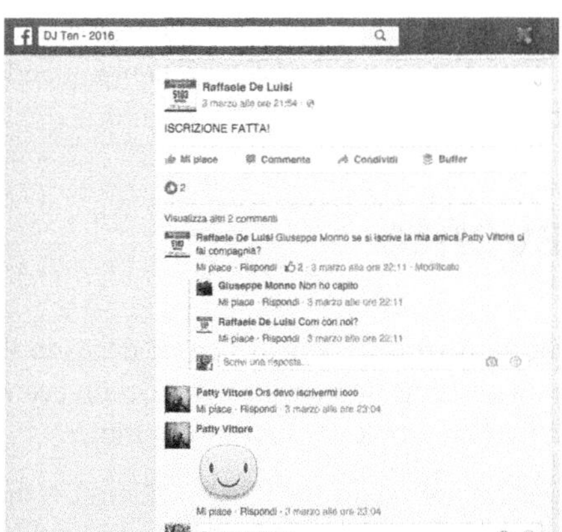

FIGURA 9.6 L'evento pubblico "Deejay Ten" di Bari del 13 marzo 2016.

Un esempio virtuoso è quello della "Deejay Ten", una gara podistica di 10 chilometri organizzata ogni anno da Radio Deejay in diverse città italiane. Come si evince dalla Figura 9.6, per la tappa di Bari dell'edizione 2016 l'entusiasta partecipazione degli utenti è stata un formidabile volano della manifestazione: il numero dei partecipanti è stato tre volte superiore al numero degli invitati perché ognuno di questi se ne è fatto portavoce (Figura 9.7).

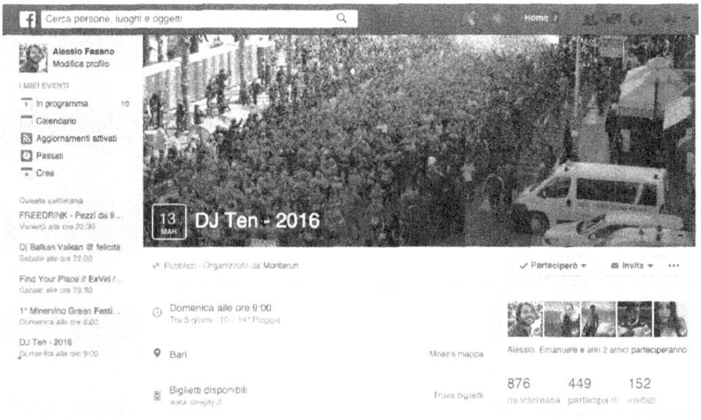

FIGURA 9.7 La forza aggregatrice degli eventi di Facebook.

Questa corsa cittadina non competitiva ha dimostrato di avere un grande potenziale: proprio come in una comunità virtuale unita da una stessa passione, gli utenti hanno condiviso aggiornamenti sulla propria iscrizione, selfie e video dell'evento. Questa è la forza di Facebook: favorire il contatto e l'empatia fra le persone.

Sponsorizzare un evento

La sponsorizzazione degli eventi, il cui scopo è ottenere la maggiore partecipazione possibile, è consentita ai gestori delle pagine: il budget da investire è variabile e a cura dell'inserzionista, cioè del gestore della fanpage. Per prima cosa, andate a questo link: `https://www.facebook.com/ads/manager/creation` e selezionate l'opzione "Incrementa la partecipazione al tuo evento" (Figura 9.9). Nel campo relativo, inserite il nome del vostro evento digitandolo, oppure fate copia-incolla dell'indirizzo web (URL) della pagina dell'evento e premete "Continua" se avete già un account pubblicitario, altrimenti vi comparirà il tasto "Crea account pubblicitario".

Compilate le schermate successive con le informazioni relative all'inserzione (Intestazione, Testo e così via), specificate nel campo "Budget e programmazione" quanti soldi investire nella campagna di sponsorizzazione (potete scegliere di impostare un budget giornaliero o a tempo indeterminato). Cliccate sul pulsante "Effettua l'ordine" per confermare la creazione dei post sponsorizzati dedicati al vostro evento. A quel punto Facebook si prenderà del tempo per verificare che l'evento non violi nessuna delle regole di sponsorizzazione e di "etica" stabilite dalla piattaforma.

Per poter pagare le campagne promozionali dei vostri eventi Facebook, dovete associare al vostro account una carta di credito o un conto PayPal. Potete farlo selezionando "Fatturazione e metodi di pagamento" (un comando visibile dalle impostazioni della "Gestione inserzioni" una volta messo in attesa l'ordine) e cliccando sul pulsante "Aggiungi metodo di pagamento". Aprendo la pagina dell'evento, sulla destra vedrete il cruscotto con i dati relativi alla copertura organica (gratuita) e alla copertura a pagamento che l'investimento pubblicitario garantirà all'evento (Figura 9.8).

FIGURA 9.8 Il cruscotto di sponsorizzazione dell'evento.

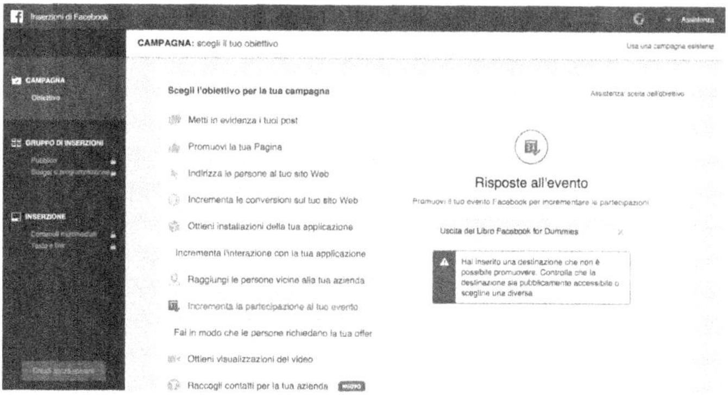

FIGURA 9.9 Il menu di gestione inserzioni a pagamento.

Cliccando su "Pubblico", ecco che si aprirà un'altra schermata nella quale potrete scegliere i potenziali invitati al vostro evento, selezionandoli in base a:

- luogo;
- genere;
- età;
- lingua parlata;
- targetizzazione dettagliata (sulla base di altri dati personali degli utenti);
- tipo di connessioni;
- livello di spesa.

Dopo aver individuato i tratti generali del vostro pubblico, potrete definirlo ulteriormente grazie all'individuazione di una serie di fattori e comportamenti: per esempio, selezionare persone in possesso di una laurea in scienze umanistiche e che frequentano abitualmente la biblioteca cittadina vi sarà utile se state organizzando il lancio di un libro.

Perché la sponsorizzazione sia efficace, la parte creativa della campagna è fondamentale: cercate di scegliere immagini e testo efficaci, aderenti tra loro e conformi agli obiettivi che vi siete prefissati.

Eventi su smartphone

Gli eventi non hanno una applicazione *ad hoc* sui negozi di app per smartphone. Come tutto l'ecosistema Facebook, funzionano allo stesso identico modo sul cellulare e sul computer, con qualche lieve differenza tra iPhone e smartphone Android/Windows Phone: dal cellulare, però, potrete impostare la notifica dell'orario dell'evento, per non dimenticarvene.

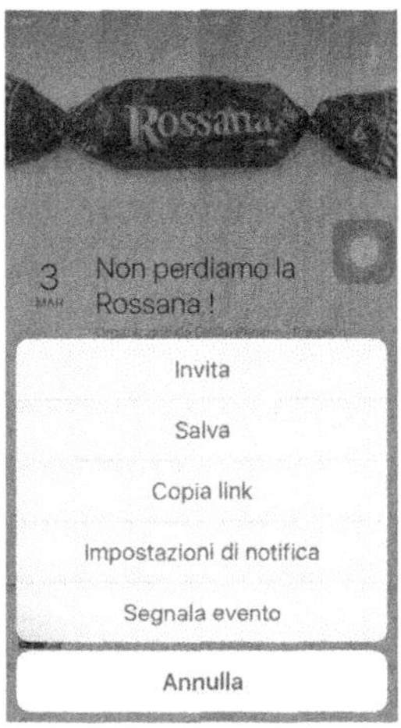

FIGURA 9.10 Il menu da mobile.

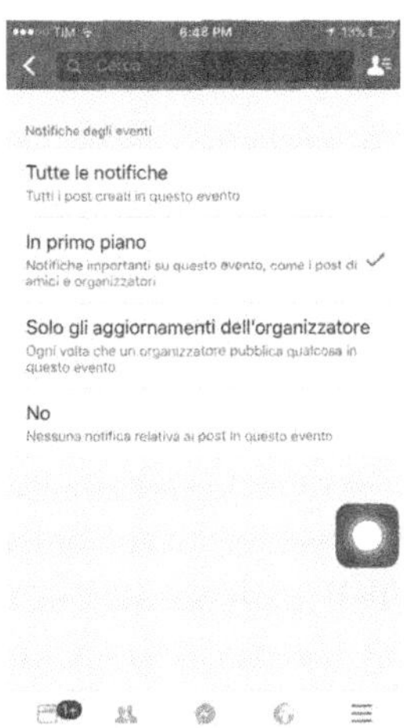

FIGURA 9.11 Le impostazioni di notifica.

Inoltre, grazie al sensore GPS di questi dispositivi, potrete cliccare sul luogo dove si svolgerà l'evento e lasciarvi indirizzare da uno dei sistemi di navigazione satellitare (Figura 9.12) arrivando così in perfetto orario all'evento.

FIGURA 9.12 Le opzioni per visualizzare le mappe.

3

Facebook per il business

IN QUESTA PARTE. . .

Scoprirete tutti gli strumenti pensati per il mondo del business, dalla pubblicità ai video, fino alle applicazioni sviluppate da terze parti che si integrano con Facebook.

Imparerete a gestire le relazioni con utenti "difficili" e a sfruttare il social network per il vostro lavoro.

Vi guideremo nell'universo dei servizi complementari a Facebook, così da potenziare al massimo le relazioni in chiave business e la promozione delle vostre attività.

IN QUESTO CAPITOLO

- Come creare una inserzione rapida
- Sfruttare le call to action
- Creare una campagna dall'editor
- Aumentare l'engagement di un post
- Far crescere i "Mi piace"
- Creare inserzioni video su Facebook
- Facebook Canvas
- Impostare le Instant Replies

Capitolo 10

Pubblicizzarsi su Facebook

Immaginate che oltre alla solita pubblicità, quella che subiamo passivamente sui giornali, dalla radio e dalla TV (ma anche dai banner o dalle inserzioni di Google AdWords), ne esista un altro tipo: interattivo, calibrato sui vostri interessi, accompagnato da contenuti. Non lo trovereste divertente?

La pubblicità inserita all'interno delle pagine su Facebook si basa su questa logica: anziché interrompere l'utente durante la fruizione dei suoi contenuti preferiti, lo coinvolge e lo trattiene. Ma questo è solo l'inizio: ci vuole un attimo per passare da spettatori ad attori di una campagna pubblicitaria. Prendete le credenziali di accesso a una pagina fan, una fonte di pagamento come carte di credito o carte di debito co-branded (Visa, MasterCard, American Express) o PayPal e il gioco è fatto.

Su Facebook, come abbiamo già visto, le pagine fan secondo i dati ufficiali del quartier generale di Menlo Park sono 50 milioni e di queste il 6% acquistano pubblicità a pagamento.

I tipi di inserzione che si possono creare sono molteplici. Vanno dalla sponsorizzazione di un post, all'aumento dei "Mi piace" di una pagina a livello locale o nazionale, sino agli inviti all'azione (le cosiddette "call to action") che consistono il più delle volte nel cliccare un link esterno alla pagina Facebook (sito di informazione, e-commerce di una azienda, scheda nella quale l'utente è sollecitato a inserire la propria e-mail e via dicendo). Non esiste una tecnica migliore delle altre a prescindere: il tutto dipende dagli obiettivi degli inserzionisti.

Su computer, in passato, gli annunci comparivano sulla destra dell'homepage, suddivisa in rettangoli, e con l'indicazione del nome dell'amico che recentemente vi avesse messo un "Mi piace". Con la diffusione capillare di smartphone e tablet, Facebook ha deciso di mostrarci le inserzioni nel newsfeed sul piccolo schermo, inserite tra gli aggiornamenti di stato provenienti dai nostri contatti.

Come creare un'inserzione rapida

Con il contributo di Alessio Fasano, gestore di fan pagine per PMI ed esperto di pubblicità su Facebook, scopriamo ora come creare una inserzione rapida.

Per mettere in evidenza un post ci sono due modi: il primo consiste nel cliccare direttamente il bottone blu "Metti in evidenza il post" (Figura 10.1), click che darà origine a una schermata di personalizzazione di un post.

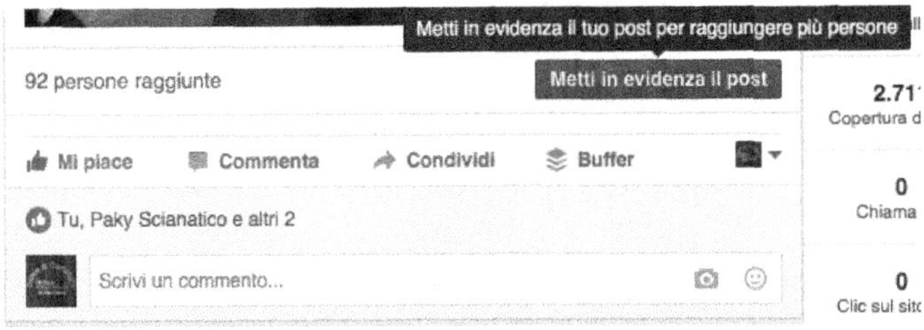

FIGURA 10.1 Il tasto per la sponsorizzazione rapida di un post.

Questa schermata di sponsorizzazione rapida permette di scegliere tra tre opzioni fondamentali:

- tipo di pubblico;
- budget e durata;
- metodo di pagamento.

Capire il target del proprio post è fondamentale per il successo di una sponsorizzazione. È possibile selezionare un pubblico più ampio che probabilmente richiederà un budget giornaliero più elevato o un'audience specifica che richiederà una campagna basata su periodi protratti nel tempo.

FIGURA 10.2 La scrematura rapida del pubblico per interessi.

Come si può vedere in Figura 10.2, attraverso questa creazione "rapida" dell'inserzione avrete accesso a scelte limitate: potrete selezionare il vostro campione solo in base a fascia d'età, genere, città e, infine, attraverso un insieme di interessi che va dai 4 ai 10, un numero neanche lontanamente paragonabile alle scelte disponibili in uno strumento più evoluto quale è il Power Editor.

Generate la vostra campagna cliccando sul bottone blu "Metti in evidenza". Dalla creazione all'inizio della diffusione dell'annuncio intercorreranno circa 15 minuti, utili a Facebook per analizzare i requisiti dell'inserzione e convalidarla. Sarà lo stesso social network ad avvisarvi del fatto che la campagna è pronta per essere lanciata.

Ci sono casi in cui le campagne non superano il vaglio di Facebook; il più comune è quello in cui l'immagine contiene più del 20% di testo.

Spesso le campagne non sono attraenti per il pubblico perché:

- l'inserzione non è immediatamente inquadrabile attraverso la giusta combinazione di immagini e descrizione dell'annuncio;
- non si è coerenti con quello che il pubblico si aspetta dal marchio che sponsorizziamo;
- non si ha un obiettivo ben preciso, mentre bisogna dare l'opportunità al pubblico di individuare un motivo chiaro per cliccare sull'annuncio, evitando per esempio testi generici.

Incrementare i "Mi piace" con le call to action

Sempre senza passare dal Power Editor, è possibile selezionare alcuni obiettivi come vedete in Figura 10.3.

FIGURA 10.3 Gli obiettivi che si possono raggiungere.

Questi bottoni permettono di promuovere le call to action (le chiamate all'azione) il cui scopo è coinvolgere l'utente al punto da persuaderlo a effettuare una determinata azione. Cliccando sul tasto "Promuovi", sponsorizzerete la vostra pagina in maniera rapida e i benefici saranno contabilizzati tutti nella colonnina che visualizzate in Figura 10.4.

FIGURA 10.4 I dati sulla pagina.

Creare una campagna dall'editor

Finora abbiamo visto come creare inserzioni rapide. Adesso confrontiamole con quelle settate attraverso il Power Editor: cliccando su `https://www.facebook.com/business/` vi apparirà un'immagine grande con un invito alla creazione di inserzioni.

FIGURA 10.5 Il link "Crea un'inserzione".

Cliccando il link in Figura 10.5, ecco apparirci il sopracitato Editor (lo abbiamo già intravisto nel Capitolo 9 quando abbiamo parlato di sponsorizzazione degli eventi) che vi offre strumenti e tecniche pubblicitarie suddivise per obiettivi.

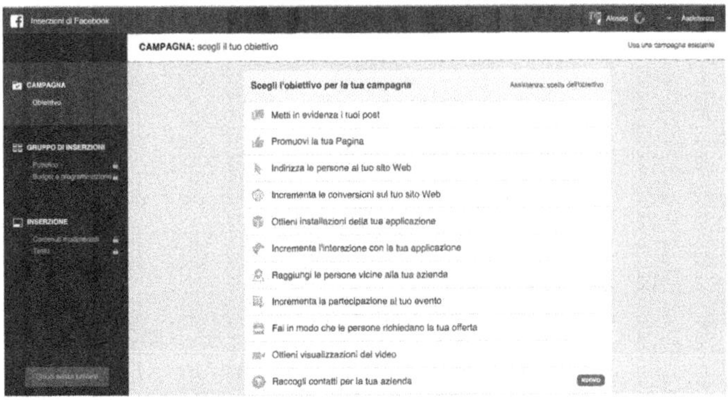

FIGURA 10.6 Editor delle inserzioni.

La Figura 10.6 vi mostra ben undici obiettivi da raggiungere attraverso le vostre inserzioni. Senza soffermarci troppo su tecnicismi poco adatti all'impostazione di questo manuale, ci focalizzeremo sui due obiettivi più comuni delle inserzioni a pagamento: il "Promuovi la tua Pagina" o *like increment* (l'aumento dei "Mi piace" della pagina) e il "Metti in evidenza i tuoi post" o *post engagement* (la sponsorizzazione dei contenuti).

Post engagement - Coinvolgimento

Per la sponsorizzazione di un post, prima di tutto selezionate l'area geografica (per esempio città e intorno chilometrico o CAP) in cui il vostro target si trova, si è trovato di recente, ha viaggiato o vive, l'età, il genere e la lingua che utilizza.

Una volta definito il vostro pubblico attraverso questi criteri, dovrete segmentare ulteriormente il vostro target individuandone dati demografici, interessi, comportamenti o secondo "altre categorie", come in Figura 10.7.

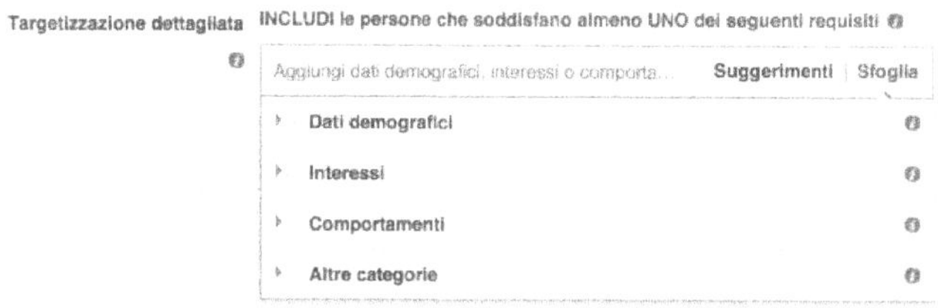

FIGURA 10.7 Caratteristiche del pubblico.

Per dati demografici intendiamo situazione sentimentale, istruzione, lavoro e via dicendo. Per esempio, se sponsorizzate un master universitario nel settore immobiliare, vi rivolgerete ai neolaureati in ingegneria, architettura ed economia, mentre se state avviando la vostra attività di wedding planner sceglierete come target donne fra i 25 e i 35 anni il cui stato sentimentale su Facebook sia "Fidanzata ufficialmente". La definizione dei destinatari basata sugli interessi vi consente di definire il vostro pubblico ideale, facendo leva su passioni, hobby e pagine che piacciono alle persone su Facebook. Queste informazioni possono essere estratte dalle liste di interessi, dalle attività, dal livello d'istruzione, dai titoli professionali, dalle pagine preferite o dai gruppi di cui fanno parte le persone. Per esempio, volete sponsorizzate il vostro allevamento di boxer? Segmentate il vostro pubblico e puntate agli utenti che hanno manifestato una preferenza per questa razza. Potete raggiungere le persone in base alle abitudini di acquisto, all'uso che fanno dei dispositivi e ad altre attività. Per esempio, se siete titolari di una agenzia di viaggi, potete selezionare chi usa abitualmente applicazioni di viaggi. In "Altre categorie" trovate le sezioni "Categorie partner" e "Categorie Facebook".

Le prime comprendono i dati che, forniti da partner affidabili, vi consentono di rivolgervi alle persone in base ad alcuni elementi come il loro reddito e la proprietà o meno di una casa. Potreste anche scegliere i vostri destinatari in base alle azioni che eseguono all'esterno di Facebook, come l'acquisto di determinati beni di consumo. Le categorie partner sono disponibili come opzione di profilazione per gli inserzionisti di Stati Uniti, Francia, Germania e Regno Unito, non ancora per noi italiani purtroppo. Le categorie Facebook usano le informazioni su cosa fanno le persone su Facebook, come le pagine a cui mettono "Mi piace".

Passando al budget da spendere, vi interesserà sapere che il vostro investimento potrà essere giornaliero o senza un limite di tempo, sempre in ragione degli obiettivi che vi sarete dati. Avete paura che l'inesperienza vi costi cara? Tirate un sospiro di sollievo: potete impostare come budget anche solo 1 euro al giorno.

Una funzione interessante vi consente di ottimizzare la vostra campagna in base a:

- interazioni;
- visualizzazioni;
- copertura giornaliera.

Quando scegliete per quale parametro volete che la vostra inserzione venga ottimizzata, indicate che desiderate ottenere il massimo di tale risultato al costo minore (Figura 10.8). Nelle linee guida dell'adv, Facebook ci ricorda che il risultato per cui effettuate l'ottimizzazione è diverso da quello per cui pagate. Per esempio, potete ottimizzare per le conversioni sul sito web e pagare per le visualizzazioni.

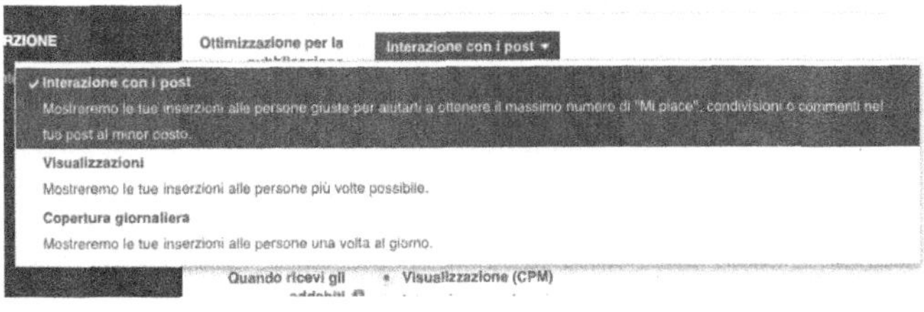

FIGURA 10.8 Ottimizzazione degli obiettivi della campagna.

Nel primo caso potete scegliere se pagare al momento in cui avviene veramente una interazione con l'annuncio (ottenimento di "Mi piace", commenti e condivisioni al post) o per CPM, ovvero pagando una certa cifra ogni mille visualizzazioni. In entrambi i casi l'ammontare da corrispondere può essere "negoziato" spuntando l'offerta manuale, anziché quella automatica. L'importo della vostra offerta stabilisce l'efficacia dell'ottimizzazione della pubblicazione della vostra inserzione. La vostra offerta compete in tempo reale in un'asta con altri inserzionisti, che a loro volta desiderano raggiungere lo stesso pubblico di destinazione.

Se deciderete di ottimizzare la vostra campagna in base alle visualizzazioni, ricordate che l'offerta manuale è legata al CPM: la vostra inserzione verrà mostrata tutte le volte in cui sarà possibile, durante il corso della promozione.

La copertura giornaliera, che si esaurisce allo scadere delle 24 ore, è la scelta più congeniale alle campagne che durano un giorno e prevede sempre la formula CPM come forma di contrattazione. Vi saranno addebitati costi ogni 1.000 visualizzazioni in base al budget definito a priori; se, per esempio, avete stabilito €1,60 come budget e avete pattuito €0,80 per CPM, al raggiungimento delle 2.000 visualizzazioni nelle 24 ore la vostra inserzione si esaurirà, e potrete iniziare ad analizzare i dati.

Dopo aver scelto fra tutte le opzioni che abbiamo visto, non vi resta altro che proseguire con la parte creativa dell'inserzione.

È risaputo che contenuti accompagnati da immagini hanno più presa sugli utenti. Questo è tanto più vero sullo schermo di uno smartphone, dove le notizie vengono visualizzate rapidamente e i contenuti esclusivamente testuali riescono a impattare adeguatamente sull'utente. Vi consigliamo quindi di coordinare parole e video o immagini (una o più, come nel caso delle pubblicità carosello che creano un mini-catalogo di prodotti).

Poi cliccate sul bottone verde "Effettua l'ordine" e dopo 15 minuti circa la vostra inserzione sarà attiva.

Like increment - Aumento dei "Mi piace"

Realizzare una campagna che aumenti i "Mi piace" della vostra pagina fan equivale ad affollare un negozio di curiosi. Sotto forma di post, mostrate loro la vostra merce sul bancone e, come abili commessi, stimolateli a seguirvi fra gli scaffali, sicuri della vostra superiorità rispetto ai concorrenti. Cercate di far diventare i fan vostri ambasciatori e mirate a un passaparola fatto di "Mi piace", interazioni, commenti e condivisioni.

L'impostazione di una campagna di "Like increment" non è tecnicamente molto diversa da quella delle inserzioni per aumentare la diffusione di un post.

Come sempre, dovrete scegliere il campione demografico e potrete utilizzare il segmento di pubblico che avete salvato per la promozione precedente come punto di partenza. Anche in questo caso Facebook vi promette di mostrare la vostra pagina ai potenziali fan, e voi pagherete al social blu una tariffa per ogni nuovo "Mi piace" che otterrete.

Questa opzione è l'unica differenza dal punto di vista semantico tra i due obiettivi, ma il meccanismo della contrattazione è lo stesso che abbiamo già visto, e che vi rimostriamo in Figura 10.9.

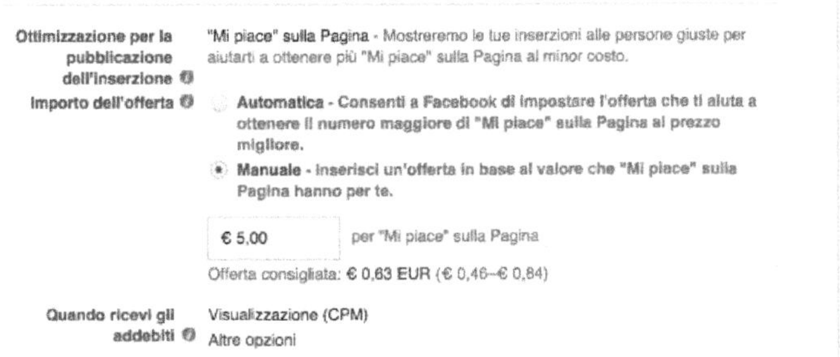

FIGURA 10.9 Ottimizzazione obiettivi di una campagna di "Like increment".

L'abilità dell'inserzionista in questo tipo di promozione è quella di sfruttare al massimo i 90 caratteri che ha a disposizione, per corredare di una breve descrizione della pagina il contenuto creativo.

Per quanto riguarda la parte visuale dell'inserzione, avete tre alternative:

- caricare un'immagine d'archivio;
- caricare da 3 a 7 immagini che verranno mostrate come un video;
- caricare direttamente un video.

Questa è la fase cruciale della promozione della vostra attività. Se non vi sentite sicuri, destinate un piccolo budget di prova alla campagna per vedere qual è la reazione degli utenti.

CONSIGLIO

Un consiglio sempre efficace è lanciare per 24 ore due campagne contemporaneamente, con una leggera differenza una dall'altra (immagine diverso o testo diverso) e vedere quella che ha la performance migliore, così da fermare la campagna che ha funzionato meno e far proseguire l'altra.

Abbiamo già visto quali sono i vantaggi e le limitazioni delle immagini, ora soffermiamoci sui contenuti video.

Inserzioni video su Facebook

Gli utenti di Facebook ogni giorno visualizzano oltre 100 milioni di ore di contenuti video, con le seguenti reazioni:

- l'80% di loro reagisce in maniera negativa nei confronti di Facebook e dell'inserzionista se il video parte a volume alto;
- il 47% degli utenti è convinto del valore della campagna video nei primi 3 secondi di esposizione;
- il 74% degli utenti è convinto del valore della campagna dopo i primi 10 secondi di esposizione;
- il video raggiunge il 12% in più delle visualizzazioni se è dotato di sottotitoli.

Rispetto a quest'ultimo punto, Facebook sta introducendo un nuovo algoritmo interno che, analizzando il video caricato dall'inserzionista, produce dei sottotitoli in automatico. In passato i sottotitoli potevano essere fruiti nei video solo se parte integrante del film stesso. A dimostrazione di come i video siano importanti per lo sviluppo della strategia di lungo termine del network, a metà febbraio 2016 Facebook ha introdotto nuove metriche per l'analisi dei filmati condivisi sulla piattaforma. Se stavate pensando di registrare o montare un video per raccontare la storia della vostra professione o della vostra realtà aziendale, questo è il vostro momento. Come avrete capito, nel mirino di Facebook c'è YouTube, piattaforma considerata da molti la televisione su Internet tale è il volume di contenuti disponibili. Non c'è da stupirsi quindi se, per attrarre l'interesse degli utenti e gli euro degli inserzionisti della televisione, il focus del social blu sia proporre sempre più video.

Inserzioni video su dispositivi mobili

Le inserzioni video sui dispositivi mobili richiedono maggiore creatività e un giusto mix di testo e contenuti multimediali per coinvolgere i fruitori. Il "Facebook creative shop" e il dipartimento di "Marketing science", due centri interni di ricerca sulle migliori pratiche nell'uso della piattaforma da parte dei soggetti professionali, continuano a supportare gli inserzionisti con dati sulle campagne vincenti, provenienti da pagine che operano nel territorio nazionale.

Un case study interessante è quello che coinvolge il marchio Kleenex®, desideroso di raccontare storie autentiche da cui potesse emergere l'importanza dei propri prodotti nella vita quotidiana delle persone. Kleenex® ha usato sottotitoli nei video per coinvolgere maggiormente gli spettatori e fare sì che non perdessero il filo della storia. L'inserzione "A Shining School" racconta della festa a sorpresa organizzata da alunni e maestre di una scuola elementare per uno dei custodi con l'aiuto del marchio di fazzolettini, che ha deciso di premiarlo con un assegno per la gentilezza e la devozione con cui presta servizio nell'istituto. Il logo Kleenex® appare solo nei primi sette secondi, ma la campagna ha ottenuto un aumento di 6 punti nel ricordo dell'inserzione da parte degli utenti e di 3 punti nelle intenzioni di acquisto. La durata media di visualizzazione è stata 23 secondi.

Progetta le inserzioni con l'audio off

In uno studio delle inserzioni video su Facebook è stato osservato che il 41% dei filmati non aveva alcun significato senza audio. Eppure la maggior parte delle inserzioni video negli spazi dedicati alle notizie viene visualizzata su dispositivi mobili senza audio; per questo motivo assicuratevi di esprimere il vostro messaggio attraverso le immagini e aiutatevi attraverso un uso intelligente di sottotitoli, logo e prodotti.

Il marchio Sunsilk Seda ha pensato di creare una serie di 36 tutorial video su come realizzare acconciature semplici, dedicati alle giovani donne del mercato brasiliano.

I video abbinano contenuti creativi e testo sovrapposto per assicurarne la comprensione anche senza audio. Ogni scena di apertura inizia con domande volte a catturare l'attenzione della spettatrice, come per esempio: "Nessuna idea su come acconciare i capelli per una serata fuori?". Questa frase è seguita da dimostrazioni dettagliate in diretta accompagnate dal testo che sottolinea i 3 passi per realizzare il look definitivo, con l'aiuto dei prodotti Seda. La campagna ha ottenuto un aumento di 7 punti percentuali nella notorietà del marchio e di 7,5 punti nella sua percezione positiva. Durata media di visualizzazione: 21 secondi.

Facebook lancia Canvas

Le funzioni di Facebook sono in continuo aggiornamento e lo sono state anche durante le fasi di stesura di questo libro; grazie a un tutorial postato dal blogger **Davide Licordari**, dal quale abbiamo liberamente preso spunto per la stesura di questo paragrafo, vi introduciamo a un nuovo strumento di inserzione, fruibile solo da smartphone: Facebook Canvas.

Facebook Canvas ha fatto il suo debutto a febbraio 2016. "Canvas", che significa non a caso "tela", permette di combinare:

- testo;
- immagini;
- carosello di immagini;
- video;
- catalogo di prodotti;
- blocchi di testo;
- un pulsante "call to action".

Con un click sull'inserzione, infatti, si apre la pubblicità a schermo intero che integra audio e video per un'esperienza unica. Vediamo come crearne una.

Da una pagina di cui siete amministratori, cliccate sulla condivisione foto, e scorrete sino all'opzione "Crea canvas"; il passo successivo è scegliere un tema, ovvero il colore di sfondo della tela, tra bianco, nero e personalizzato. In seguito inserite un "header", cioè un logo per la vostra promozione (verosimilmente un logo aziendale); ricordate che avete a disposizione 120x40 pixel. Selezionate quindi gli elementi da aggiungere all'interno del canvas, il contenuto della tela. Senza dilungarci, vi ricordiamo che potete scegliere fra:

- carosello di foto;
- foto;
- testo;
- video;
- insieme di prodotti.

Ricordatevi che potete inserirli anche in un secondo momento e secondo l'ordine che preferite. Infine, inserite un bottone per la "call to action" (per esempio "Visita il mio sito") dopo averne scelto colore, dimensione e grandezza del testo. Per terminare, salvate il tutto e date un nome al vostro canvas per distinguerlo dagli altri.

Instant Replies – Risposte immediate

Vi è mai capitato durante il weekend di mandare una e-mail a un ufficio informazioni e di ricevere all'istante un messaggio automatico che vi informava dell'assenza dell'impiegato o della chiusura degli sportelli? La stessa procedura si può impostare per le pagine. Come? Dalla pagina che amministrate cliccate su "Impostazioni" e, successivamente, dalla colonna di sinistra cliccate su "Messaggi". Si aprirà la schermata che permette di configurare vari aspetti sui messaggi, tra i quali il campo per impostare la risposta automatica in caso di assenza (Figura 10.10). La terza opzione mostra come creare una risposta istantanea.

FIGURA 10.10 L'impostazione delle risposte istantanee.

Cliccate sulla spunta a sinistra della schermata, come si vede in Figura 10.10, in modo da abilitare le risposte istantanee e iniziate a produrre il messaggio automatico che arriverà a chi vi contatterà in privato. Avete a disposizione 250 caratteri. Inserito il messaggio desiderato, cliccate su "Aggiungi personalizzazione": ora potete dare un tocco privato al messaggio, perché non sembri solo una fredda comunicazione aziendale.

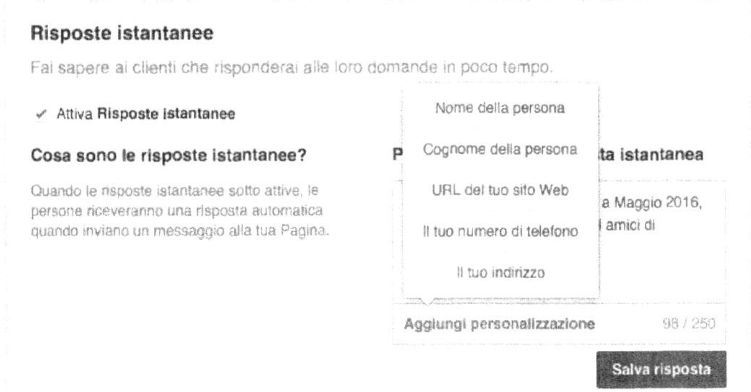

FIGURA 10.11 La personalizzazione delle risposte istantanee.

Infine cliccate su "Salva risposta" e il gioco è fatto!

Un mezzo straordinario

La pubblicità su Facebook continuerà a crescere, con ottime prospettive di diventare uno dei pilastri della promozione a pagamento nell'ambito digitale. Il paradigma passato secondo il quale la promozione dei prodotti interrompe la fruizione del contenuto consumato dallo spettatore ha i giorni contati: le aziende stanno mostrando una chiara preferenza per campagne pubblicitarie incentrate sui contenuti, specie video.

Inoltre le aziende continuano ad avvalersi di personaggi noti a cui far provare prodotti in anteprima o da invitare nei loro ristoranti e hotel. Non ultimo l'ex manager Apple Guy Kawasaki, autore di libri sui social media e "influenzatore di massa", che è diventato una sorta di testimonial 3.0 a forza di dirette Facebook.

Non sottovalutate il potere degli influencer per la vostra attività, tenete a mente il potere delle foto e dei video (a proposito, avete aperto un account sul cugino di Facebook, ovvero Instagram, vero?), e personalizzate le vostre inserzioni per i dispositivi mobili che a oggi fanno il 90% del traffico pubblicitario di Facebook. Sulla vostra pagina fan impostate la risposta istantanea quando non potete servire i vostri consumatori, senza dimenticare il tocco professionale dato dalle personalizzazioni.

IN QUESTO CAPITOLO

- Utilizzare la chat di gruppo
- Scambiarsi documenti sui gruppi
- Fare chiamate e videochiamate
- Aprire una pagina pubblica
- Organizzare un evento
- Conoscere la normativa

Capitolo 11

Facebook nel mondo del lavoro

Facebook, grazie alla semplicità del suo utilizzo, risulta essere un ottimo strumento **di** lavoro e **per** il lavoro. Con l'espressione "Facebook come strumento di lavoro" vogliamo intendere tutte le modalità e le funzioni che Facebook mette a disposizione per poter lavorare in condivisione con altri gruppi di professionisti.

Con l'espressione "Facebook come strumento per il lavoro" intendiamo invece le modalità e le funzioni utili a vendere dei servizi, pubblicizzare la propria attività, azienda o prodotto (siano essi profit o no profit).

La chat

Tra le funzioni utili e gratuite per usare Facebook come strumento di lavoro, annoveriamo la **chat di gruppo**.

Per creare una chat di gruppo è necessario cliccare sulla dicitura "Nuovo messaggio" che appare portando il mouse (cliccandoci) sull'icona dei messaggi a forma rettangolare che vedrete a destra della barra blu (Figura 11.1).

FIGURA 11.1 Dicitura "Nuovo messaggio" nella barra blu.

Immediatamente apparirà una finestra per avviare una nuova conversazione (Figura 11.2) in cui dovrete digitare, nella barra di destinazione, i nomi degli utenti che intendete inserire nella chat di gruppo. Dopo averlo fatto, è sufficiente digitare un messaggio e inviarlo perché la chat di gruppo prenda vita.

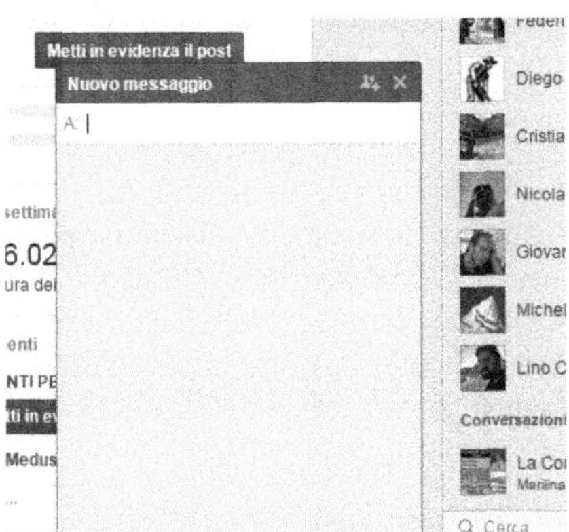

FIGURA 11.2 Finestra "Nuova conversazione".

Da questo momento in poi, potrete scambiare messaggi privati con tutti i componenti della chat, allegare documenti, inviare foto e video ecc. cliccando su una delle tre icone che appaiono nella barra bianca in basso a destra della conversazione.

È inoltre possibile aggiungere o rimuovere partecipanti, modificare il nome e la foto della conversazione, abbandonare o eliminare la chat stessa, cliccando sulla rotellina che appare nella barra blu della conversazione oppure accanto al tasto "Nuovo messaggio" nel caso la visualizziate a schermo intero, così come in Figura 11.3.

FIGURA 11.3 Modificare la conversazione.

La chat di gruppo è uno strumento semplice, adatto soprattutto a scambiarsi informazioni rapide in vista, per esempio, di un evento.

Pur conservando in memoria tutti i messaggi inviati (compresi gli allegati) che possono essere recuperati scorrendo indietro nella conversazione, la chat risulta essere invece poco indicata nei casi in cui avete bisogno di accedere in modo continuativo e rapido ai documenti condivisi. Questo limite può essere facilmente aggirato attraverso la creazione di un gruppo.

Il gruppo

Come già sapete, creare un gruppo su Facebook consente di condividere informazioni, foto, video e documenti:

- solo con determinati utenti in caso di gruppo segreto o chiuso;
- con tutti gli utenti in caso di gruppo pubblico.

Il vantaggio del gruppo rispetto alla chat è che ogni informazione, come vedremo più avanti, è facilmente reperibile grazie a un motore di ricerca presente all'interno del gruppo stesso.

Per creare un gruppo vi rimandiamo al capitolo dove abbiamo già trattato questo argomento.

Inoltre, come già accennato precedentemente, uno strumento molto importante è la barra di ricerca che viene visualizzata in alto e al cui interno appare la scritta "**Cerca in questo gruppo**". Per ricercare in maniera celere post o documenti pubblicati in passato basterà digitare delle parole chiave senza scorrere tutta la bacheca.

Per avviare una chat collettiva con amici che sono parte del gruppo, è sufficiente cliccare sulla voce "Inizia una nuova chat" collocata nella parte destra della pagina, sotto le foto dei membri e la descrizione (Figura 11.4).

FIGURA 11.4 Avviare chat di gruppo.

A ogni nuovo accesso a Facebook, potrete recarvi nella pagina principale del gruppo cliccando sul suo nome che si trova nella barra laterale sinistra presente nell'homepage (Figura 11.5).

FIGURA 11.5 Visualizzare il gruppo nell'homepage.

Se desiderate cancellare o abbandonare il gruppo, è sufficiente che clicchiate sulla freccetta accanto alla voce "Iscritta/o" che appare a destra sull'immagine di copertina del gruppo stesso, e selezionare la voce "Abbandona il gruppo".

Le chiamate

Facebook ci consente di effettuare sia chiamate che videochiamate.

Se utilizzate il social blu da desktop, potrete videochiamare cliccando sull'icona a forma di telecamera che compare nella barra blu in alto a destra della conversazione (Figura 11.6).

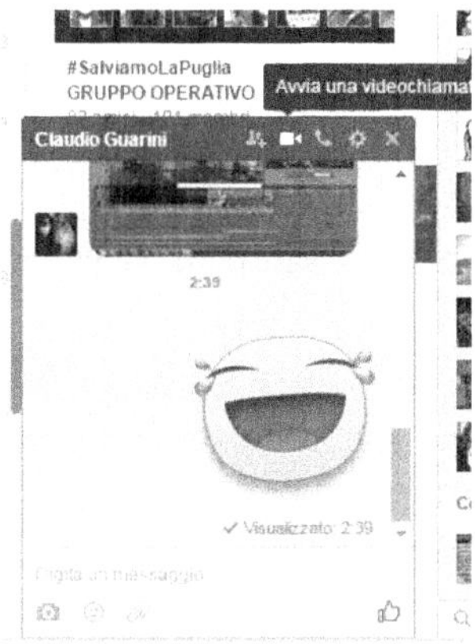

FIGURA 11.6 Videochiamata da desktop.

Per poter effettuare una videochiamata è necessario che il computer sia dotato di videocamera (nei computer di ultima generazione è incorporata in alto sullo schermo) o di una web camera (che si può collegare al computer nel caso in cui quest'ultimo ne sia sprovvisto) e di un microfono (solitamente già integrato).

Cliccato sull'icona, vi apparirà un'altra schermata, in cui Facebook vi chiederà il consenso di utilizzare videocamera e microfono per poter avviare la videochiamata (Figura 11.7). Cliccando sul pulsante "Consenti" sarà avviata automaticamente la videochiamata.

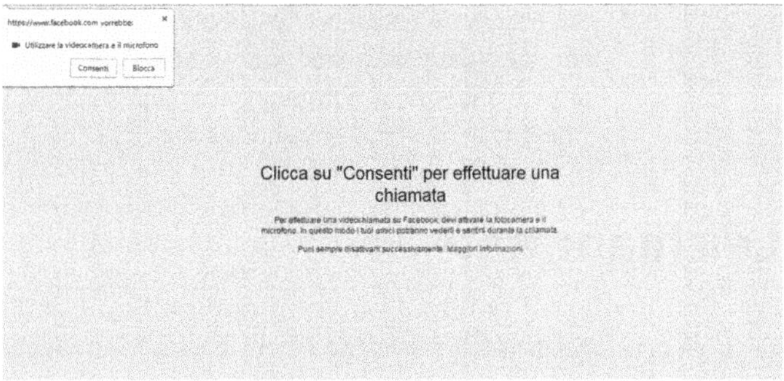

FIGURA 11.7 Consentire utilizzo di videocamera e microfono.

Se state utilizzando Facebook da smartphone, attraverso la messaggistica istantanea avrete la possibilità di effettuare una videochiamata e una chiamata (che non comporta costi aggiuntivi, in quanto passa per Internet e utilizza il traffico dati del vostro telefonino o la connessione wi-fi).

Aprite dunque la conversazione (finestra di chat) del contatto con cui avete intenzione di avviare una telefonata o una videochiamata. In alto a destra, nella barra blu, vi appariranno due icone (Figura 11.8).

Cliccate sull'icona a forma di videocamera per effettuare una videochiamata, oppure sull'icona a forma di cornetta del telefono per una semplice telefonata. Tutti gli smartphone sono oggi provvisti di camera e microfono.

FIGURA 11.8 Avviare una telefonata da smartphone.

Le videochiamate (quelle che storicamente potevano essere avviate soltanto attraverso piattaforme come Skype) possono essere utili per effettuare riunioni di lavoro a distanza, vedendosi in faccia.

La pagina ufficiale

Abbiamo sinora visto in questo capitolo le funzioni utili per usare Facebook come strumento di lavoro.

Passiamo adesso a due funzioni indispensabili invece utili per usare Facebook come **strumento per il lavoro**. Per prime menzioniamo le pagine pubbliche che lo stesso Facebook definisce così:

Le pagine Facebook aiutano le aziende, le organizzazioni e i marchi a condividere le loro notizie e a connettersi con le persone. Come per i profili, puoi personalizzare le pagine pubblicando notizie, organizzando eventi, aggiungendo applicazioni e altro ancora. Le persone a cui piace la tua pagina e i loro amici possono ottenere gli aggiornamenti nella sezione Notizie. Puoi creare e gestire una pagina dal tuo account personale. Se desideri creare una pagina che rappresenti un'azienda, un marchio, un'organizzazione o un personaggio famoso, devi essere un suo rappresentante ufficiale.

Creare una pagina è molto semplice e a tale scopo vi rimandiamo al capitolo relativo, con la guida passo passo e tutte le funzionalità incluse.

Organizzare un evento

La seconda funzione indispensabile al fine di utilizzare Facebook come strumento per il lavoro è **l'organizzazione di un evento**: potrete crearne uno dal vostro profilo personale oppure dalla pagina ufficiale della vostra azienda, con l'obiettivo di pubblicizzare la vostra azienda o la vostra attività locale.

Creare un evento è facile e nel capitolo relativo trovate tutte le informazioni dettagliate. C'è chi usa questa funzionalità non solo per gli eventi pubblici dell'azienda, ma per le riunioni con i colleghi. A tal proposito esistono strumenti di calendario condiviso più efficaci come Google Calendar, servizio che utilizziamo personalmente e che vi consigliamo.

Attenzione alla normativa

Sia nel settore pubblico che in quello privato utilizzare Facebook durante l'orario di lavoro può a volte comportare sanzioni disciplinari a carico del lavoratore, che possono arrivare al licenziamento, specie se si tratta di una abitudine: secondo questi regolamenti, che a noi paiono ormai superati e controproducenti negli effetti generati, la ricezione continua di notifiche e messaggi può distrarre il lavoratore e comportare quindi una diminuzione nel suo rendimento.

Il Sole 24 ore ci ricorda che "non importa che il lavoratore abbia con la sua condotta comportato un danno patrimoniale all'ente pubblico di appartenenza perché oggetto di tutela è il buon andamento della pubblica amministrazione, che può essere compromesso anche da un uso privato degli strumenti informatici a disposizione". Non sono pochi i casi in cui grandi e piccole società hanno deciso di risolvere il problema, secondo loro, proibendo o addirittura bloccando l'accesso a Facebook, Twitter e chat non strettamente utili per scopi lavorativi dalla rete aziendale, ignorando che gli stessi strumenti possono essere comunque utilizzati dagli apparecchi che abbiamo in tasca e che si collegano a Internet anche senza utilizzare l'infrastruttura aziendale.

Detto questo, consapevoli che le notifiche continue siano il male e che essere sempre connessi non sia sempre un bene, vi invitiamo a fare attenzione e a utilizzare con parsimonia (o per nulla) Facebook e i social network sul posto di lavoro. Se l'azienda in cui lavorate è molto severa sotto questo aspetto, evitate di pubblicare post, foto o commenti durante le ore lavorative dal vostro smartphone: potrebbero essere usate contro di voi e diventare la prova tangibile dell'utilizzo del social network in un momento poco indicato.

Il futuro è Facebook at work

L'idea di considerare Facebook come un valido strumento di e per il lavoro, seppur basata sulla nostra esperienza personale, lo ammettiamo, non è così originale, tanto che Facebook sta sperimentando con alcune aziende l'uso dei propri servizi esattamente per facilitare il lavoro tra gruppi di colleghi. Il prodotto si chiama Facebook at work (letteralmente "Facebook al lavoro") ed è in fase di test da parte di alcune imprese, prevalentemente sul territorio americano.

Non è facile fare previsioni in questo senso, ma ci aspettiamo che Facebook at work venga presto reso disponibile a un numero più ampio di utenti, mettendo in un unico pacchetto gli strumenti che vi abbiamo già consigliato: gruppi, condivisione di informazioni, chat di lavoro, motore di ricerca di documenti e organizzazione di eventi. In attesa che il pacchetto sia pronto, potete cominciare già a fare pratica con gli strumenti, facendo attenzione alle vostre policy aziendali. Non si sa mai!

IN QUESTO CAPITOLO

- Come bloccare una persona
- Come sbloccare una persona
- Cosa comporta bloccare una persona
- Perché bloccare una persona
- Segnalare una persona a Facebook

Capitolo 12

Gestire le relazioni spiacevoli

Facebook vi consente di tenervi in contatto con gli amici, ma anche con persone che non conoscete nella vita reale. Come ogni social network, in caso di bisogno, c'è la possibilità estrema di bloccare una persona per impedirle di comunicare con voi, per sempre, o almeno fino a quando non deciderete di darle una seconda possibilità e di sbloccarla.

RICORDA!

Bloccare una persona su Facebook significa impedirle di contattarvi, di vedere i contenuti che pubblicate (a meno che non siano pubblici e visibili a tutti) e qualsiasi azione intraprendete sul social network.

Modalità di blocco e sblocco

Esistono essenzialmente tre modi per bloccare una persona. Vediamoli insieme uno alla volta.

Il metodo più veloce consiste nel cliccare sull'icona a forma di lucchetto che troviamo nella barra blu in alto a destra, e selezionare la voce "Qualcuno mi infastidisce. Come faccio a farlo smettere?" (Figura 12.1).

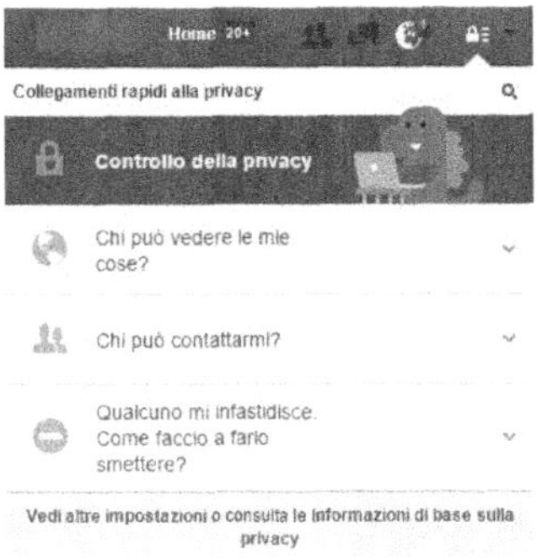

FIGURA 12.1 Bloccare una persona, primo metodo.

Dopo aver selezionato la voce, vi occorrerà digitare il nome della persona che intendete bloccare (Figura 12.2).

FIGURA 12.2 Digitare il nome della persona da bloccare.

Subito dopo, visualizzerete una nuova finestra contenente la lista di persone che hanno il nome e cognome che avete inserito (in caso di omonimia): cliccate il pulsante "Blocca" (Figura 12.3) in corrispondenza della persona che intendete realmente bloccare.

FIGURA 12.3 Pulsante "Blocca".

A questo punto, vi si aprirà davanti un'ulteriore finestra in cui potrete leggere un riepilogo delle azioni che saranno interdette alla persona bloccata. Questa non potrà più:

- vedere cosa pubblicate sul vostro diario;
- taggarvi;
- invitarvi a gruppi o eventi;
- avviare una conversazione con voi;
- aggiungervi agli amici.

Se siete già amici, bloccando l'utente lo rimuoverete anche dalla lista dei vostri contatti.

Nella finestrella, Facebook vi proporrà due alternative, prima di procedere e bloccare definitivamente l'utente:

- inviargli un messaggio per fargli sapere che vi sta infastidendo (potrebbe non essersene reso conto, succede a volte);
- rimuovere soltanto l'utente dalla sezione "Notizie" (questo vi consente di smettere di vedere i suoi post nella vostra homepage, senza la necessità quindi di bloccare la persona, che continuerà a vedere ciò che pubblicate).

Se desiderate comunque bloccare la persona che avete scelto, cliccate sul pulsante "Blocca X" (Figura 12.4). In alternativa, annullate l'azione.

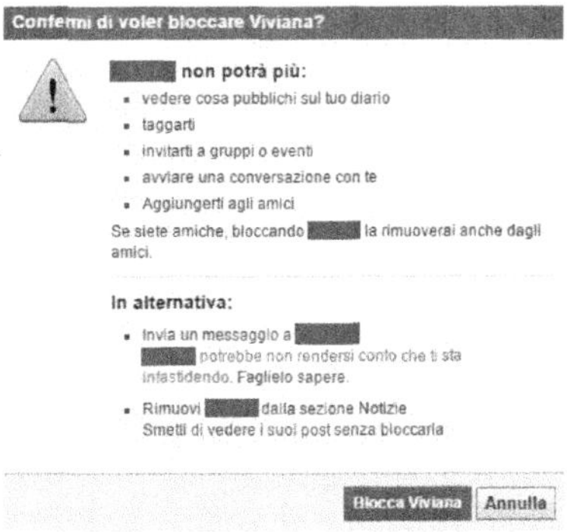

FIGURA 12.4 Confermare di voler bloccare l'utente.

Il secondo metodo di blocco consiste nel cliccare sulla freccetta che trovate in alto a destra della barra blu e scegliere la voce "Impostazioni" (Figura 12.5).

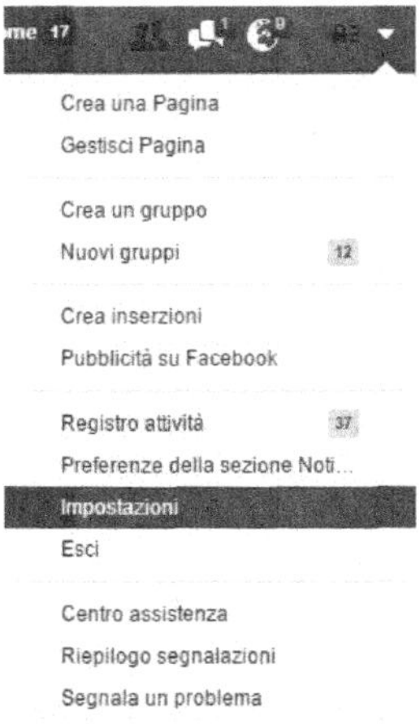

FIGURA 12.5 Bloccare una persona, secondo metodo.

Verrete a questo punto rimandati a una nuova schermata "Impostazioni generali dell'account" (Figura 12.6), nella quale troverete la voce "Blocco" a sinistra della colonna.

FIGURA 12.6 Impostazioni generali dell'account.

Dopo aver cliccato sulla voce "Blocco", vi apparirà una nuova finestra in cui potrete inserire il nome degli utenti che desiderate bloccare e, contemporaneamente, vedere la lista degli utenti che avete bloccato (Figura 12.7).

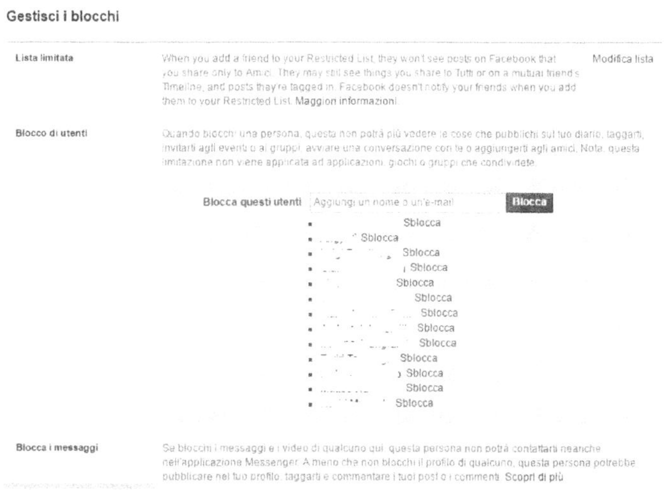

FIGURA 12.7 Blocca utenti.

Attraverso questa modalità avete la possibilità di **sbloccare** una persona che avete bloccato, cliccando sulla dicitura "Sblocca" che appare accanto al nome dell'utente.

Dopo che avrete cliccato su “Sblocca”, Facebook vi farà comparire una finestra di avviso (Figura 12.8) in cui vi ricorda che sbloccando l’utente:

- questi potrà vedere nuovamente il vostro diario e contattarvi, in base alle vostre impostazioni della privacy;
- i tag sui contenuti, che voi e l’utente avete aggiunto in passato, potrebbero essere ripristinati e tornare a essere attivi;
- potrete rimuovere i tag nel vostro “Registro attività”.

PER I PIÙ CURIOSI

Se sbloccate l’utente, ricordate che dovrete attendere 48 ore prima di avere la possibilità di bloccarlo nuovamente.

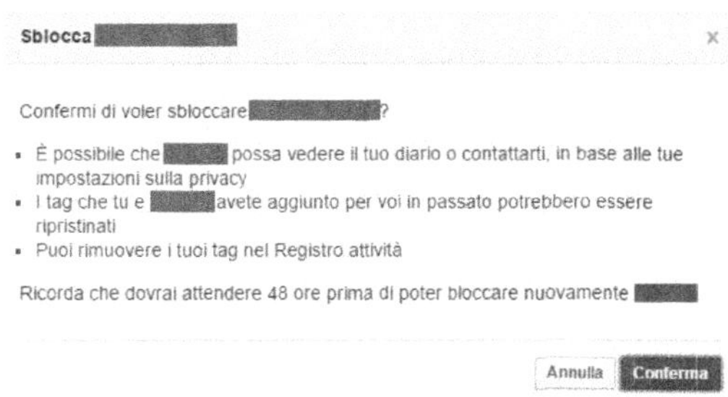

FIGURA 12.8 Avviso di sblocco.

Il **terzo metodo** per bloccare qualcuno è andare sul suo profilo, cliccare sull’icona con i tre pallini che trovate in alto a destra sull’immagine di copertina accanto alla dicitura “Messaggio”, e selezionare la voce “Blocca” (Figura 12.9).

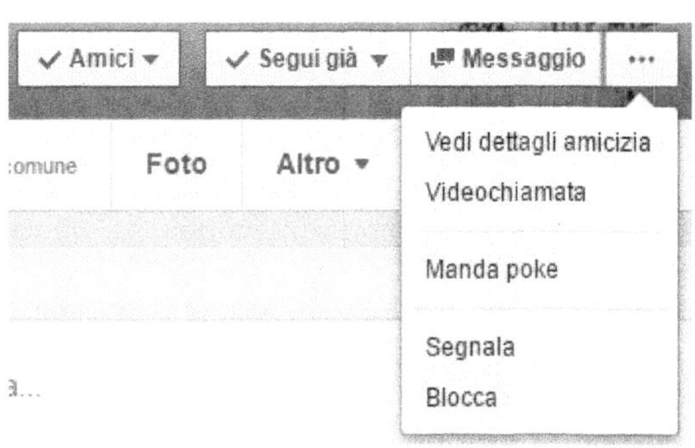

FIGURA 12.9 Bloccare una persona, terzo metodo.

Una volta che qualcuno è bloccato, non visualizzerete più i suoi contenuti tra i risultati di ricerca di Facebook. Inoltre, se la persona bloccata fa una ricerca su Google e trova il vostro profilo (in caso l'abbiate reso ricercabile) quando ci cliccherà sopra vedrà la **pagina del profilo non disponibile**, come se non esistesse più.

Se volete nascondervi dai motori di ricerca, dovete cliccare sulla freccetta che trovate in alto a destra della barra blu e scegliere ancora una volta la voce "Impostazioni" (Figura 12.10).

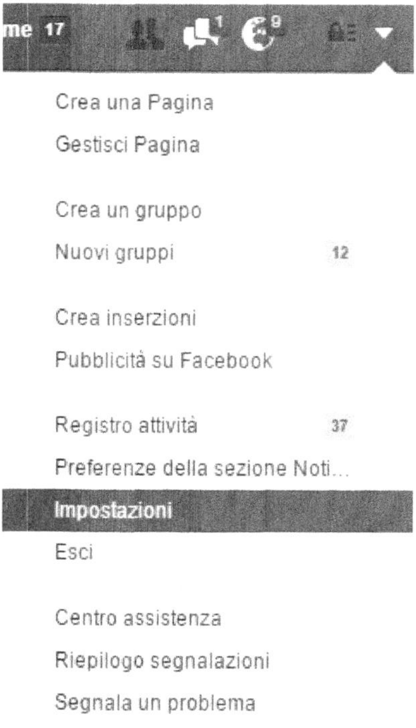

FIGURA 12.10
Impostazioni.

A questo punto vi si aprirà la finestra delle impostazioni generali dell'account, che abbiamo già visto precedentemente, in cui dovrete cliccare sulla voce "Privacy" (Figura 12.11) che appare nella colonna sinistra.

FIGURA 12.11 Impostazioni generali dell'account.

Vi apparirà quindi la finestra "Impostazioni sulla privacy e strumenti" nella quale, in sequenza, l'ultima domanda posta è "Desideri che i motori di ricerca esterni a Facebook reindirizzino al tuo profilo?" (Figura 12.12).

Cliccate quindi sul pulsante "Modifica" ed eliminate l'autorizzazione.

FIGURA 12.12 Impostazioni sulla privacy e strumenti.

RICORDA!

Se ci sono amici in comune, la persona che è stata bloccata non vedrà i commenti che si fanno sui post di amici comuni.

Facebook comunque avverte che, anche se si blocca una persona, questa può apparire nel flusso di notizie:

» quando è inclusa in un gruppo comune;
» se pubblica una foto in cui è taggato un amico comune;
» se è taggata da un amico comune;
» se siete invitati allo stesso evento;
» se partecipate a una chat di gruppo;
» se giocate a giochi comuni o se utilizzate applicazioni esterne.

ATTENZIONE

Le persone bloccate non ricevono la notifica, ovvero non vengono avvisate di essere state bloccate da voi.

Se desiderate **sbloccare** una persona, seguite la procedura già illustrata a partire dalla Figura 12.7, ricordando l'avviso di sblocco illustrato nella Figura 12.8.

Perché bloccare una persona?

Le motivazioni che possono indurci a bloccare un utente sono diverse.

Tra le più comuni troviamo sicuramente l'utilizzo di **offese e volgarità**. La reazione è più che motivata e sentirsi offesi o denigrati da un utente è una valida ragione per procedere al blocco. Il comportamento offensivo è, oltretutto, punibile per legge, come dimostrano alcune sentenze della Cassazione. In particolare, la Cassazione penale, sez. I, con la sentenza 08/06/2015 n° 24431 ha stabilito che una condotta offensiva su una bacheca Facebook integra gli estremi del reato di diffamazione a mezzo stampa. Ovviamente questa pronuncia vale per tutti, quindi fate attenzione a non utilizzare commenti che possano risultare offensivi o lesivi della persona altrui.

Un'altra motivazione che induce tipicamente un utente a bloccare si potrebbe riassumere in: "Non ne posso più". Capita di incontrare sulla piattaforma persone che, per un motivo o per un altro, tendono a esasperarci, tanto da portarci a bloccarle. Non solo. Spesso tale comportamento si associa a situazioni di vita privata (pensiamo alle più comuni, come la fine di una relazione sentimentale o amicale), in cui si preferisce bloccare la persona su Facebook per evitare ricordi troppo dolorosi. Nessuno ve ne farà una colpa, almeno non noi.

Alcuni studi ci dicono che il 57% degli ex conserva un rapporto di "amicizia" su Facebook, e l'86% ha accesso alle foto e alle informazioni del precedente partner. Tuttavia Céline de Donno, psicologa e coach di Parship.fr, sostiene che, a meno che non ci si sia lasciati in ottimi rapporti nella vita reale, rimanere "amici" su Facebook è un modo deleterio per continuare a buttare un occhio sulla vita dell'altro: un'intrusione non ci aiuta infatti a elaborare il lutto per la fine di una storia d'amore.

CONSIGLIO

La dott.ssa de Donno ci ricorda che andare a spiare la bacheca dei propri ex una volta ogni tanto, per divertimento o curiosità, è un comportamento normale e molto diffuso. Tuttavia, se ripetuto a lungo, questo comportamento può diventare ossessivo e condurre a una gelosia patologica, dannosa prima di tutto per chi la prova. Se sentite che è questo il vostro caso, rimuovete l'ex partner dalle vostre amicizie. Se volete leggere tutta l'intervista alla dottoressa de Donno, la trovate in "Ho rotto con il mio fidanzato, lo cancello da Facebook?" sul sito `psicologia.doctissimo.it`.

Segnalare una persona

A questo punto si rende necessario fare un piccolo accenno ai comportamenti di **stalking** a cui potremmo andare incontro anche su Facebook.

"Stalking" è un termine inglese che indica una serie di atteggiamenti tenuti da un individuo ai danni di un'altra persona che, perseguitata, versa in uno stato di paura e ansia tali che possono arrivare a compromettere il normale svolgimento della sua vita quotidiana. In Italia lo stalking è un reato inserito nel codice penale dal 2013.

Se lo stalking virtuale non include comportamenti come il seguire una persona o lo spiarla fisicamente, può parimenti indurre sensazioni spiacevoli, come quella di essere osservati continuamente: se doveste trovarvi in una situazione simile, intervenite bloccando la persona molesta e poi segnalatela al supporto utenti di Facebook, per le misure del caso.

Per segnalare un utente a Facebook è necessario recarsi sul suo profilo e cliccare sull'icona con tre pallini posta accanto alla voce "Messaggio" sull'immagine di copertina. Apparirà la voce "Segnala" (Figura 12.13).

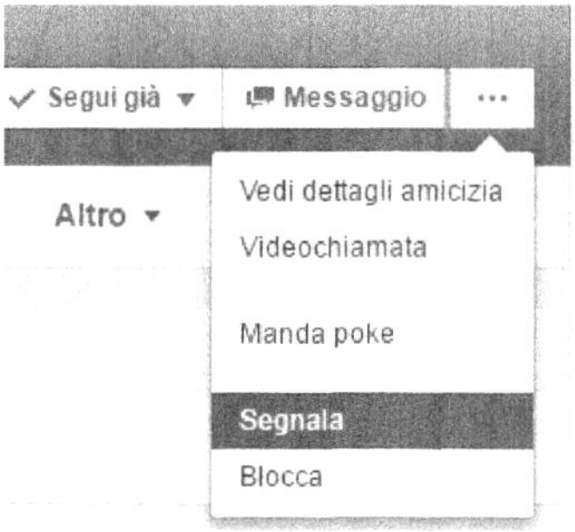

FIGURA 12.13 Segnalare una persona.

A questo punto vi si aprirà una nuova schermata in cui vi verrà chiesto cosa intendete fare (Figura 12.14):

- segnalare un contenuto della persona;
- segnalare l'account;
- aiutare l'utente.

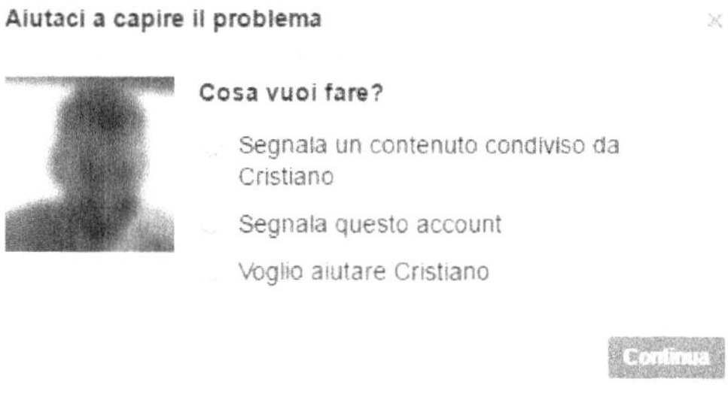

FIGURA 12.14 Cosa vuoi fare?

Cliccando sulla voce "Segnala questo account" si aprirà una ulteriore finestra in cui Facebook vi chiederà di aiutarlo a comprendere meglio la tipologia del problema; potrete quindi scegliere tra le seguenti opzioni:

- la persona vi infastidisce;
- la persona che state segnalando finge di essere voi o qualcuno che conoscete;
- la persona che state segnalando pubblica contenuti inappropriati;
- l'account che state segnalando è falso;
- il profilo che state segnalando rappresenta in realtà un'azienda o un'organizzazione (le quali hanno invece l'obbligo di aprire delle pagine pubbliche e non dei profili privati);
- la persona che state segnalando ha un nome falso.

Dopo che avrete inoltrato la segnalazione, gli operatori di Facebook la prenderanno in carico e ne verificheranno l'attendibilità. Nel caso ci fossero gli estremi del caso, Facebook bloccherà l'account. In ogni caso, il team di Facebook vi inoltrerà una notifica comunicandovi la decisione presa.

IN QUESTO CAPITOLO

- Condividere un video
- Girare e postare un video da smartphone
- Postare un video da computer
- Postare un video da YouTube su Facebook
- Intervista a Tommaso Calascibetta

Capitolo 13

I video sono il futuro

I video sono parte integrante, e fondamentale, della vita degli utenti su Facebook. Ogni giorno sulle nostre bacheche ne appaiono di tutti i tipi, da quelli musicali alle campagne pubblicitarie. Alcuni durano pochi secondi, altri invece ci tengono incollati al computer o allo smartphone per molto più tempo. Con gli ultimi aggiornamenti, la creatura nata dalle mani di Mark Zuckerberg ha valorizzato in maniera esponenziale i contenuti video, sempre più importanti nel flusso di notizie: *partendo in automatico*, senza bisogno di click, i filmati riescono a catturare l'attenzione dell'utente in maniera più rapida ed efficace delle semplici immagini, che richiedono quantomeno qualche secondo di tempo perché l'utente ne analizzi il contenuto.

RICORDA!

In questi anni, molte società e aziende stanno fondando la loro strategia comunicativa quasi esclusivamente sui contenuti video, ed è diventato fondamentale quindi comprendere almeno le dinamiche base generate da questo fenomeno, per sfruttarlo al meglio.

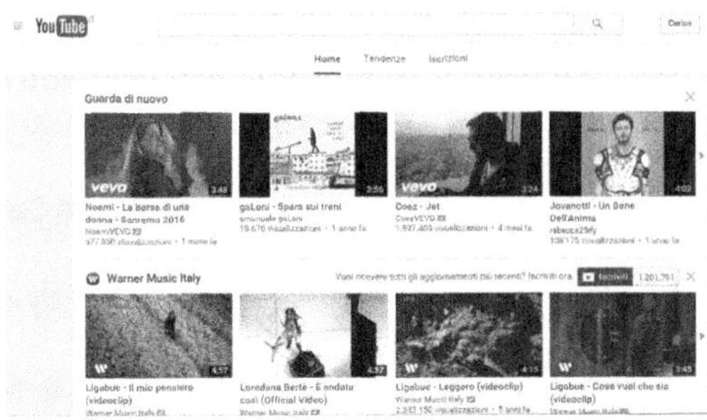

FIGURA 13.1 Home page di YouTube.

Condividere un video

L'azione più semplice che potete svolgere è la condivisione di un video sul vostro profilo o sulle pagine che gestite. Si tratta di un'operazione che può essere eseguita in due modi:

- tramite strumenti di supporto (come YouTube);
- sfruttando la condivisione già effettuata da un altro utente.

Nel primo caso, trovato e aperto il video su YouTube, selezionate e copiate l'indirizzo della pagina, come mostrato in Figura 13.2.

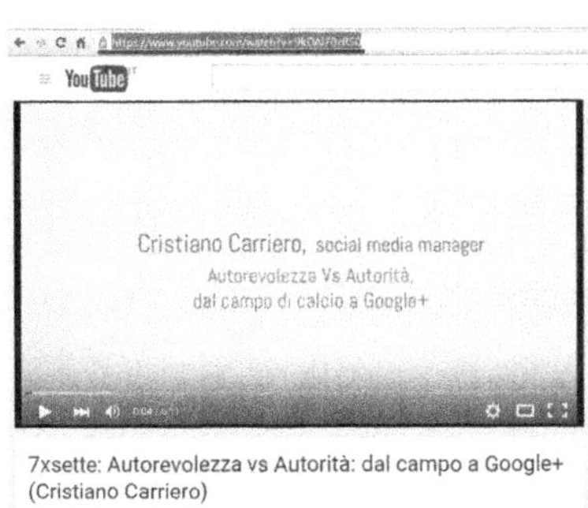

FIGURA 13.2 L'URL da copiare.

A questo punto tornate su Facebook e incollate l'indirizzo nello spazio "A cosa stai pensando?", che utilizzate solitamente per condividere i vostri post. Aspettate il caricamento del video e aggiungete un vostro commento o cliccate su "Pubblica" (Figura 13.3).

FIGURA 13.3 Condividere un video di YouTube su Facebook

Più facile a farsi, che a dirsi. Non vi resta che provare. Se il video che volete condividere l'avete già visto sulla bacheca di un amico, o sulla vostra pagina preferita, non vi resterà che recuperarlo e premere il pulsante "Condividi" posto proprio sotto il video, come riportato in Figura 13.4.

FIGURA 13.4 La condivisione di una video-ricetta.

CONSIGLIO

Non limitatevi a condividere un post senza aggiungere nulla di vostro: accompagnatelo con una considerazione personale e sarà sicuramente più apprezzato da chi vi segue su Facebook.

Girare e postare un video da dispositivo mobile

Finora abbiamo parlato di video caricati da altri utenti, con la sola possibilità quindi di condividere il lavoro altrui. Se volete passare però dall'altra parte della camera e condividere un video girato da voi, sappiate che le cose da fare sono piuttosto semplici. Se avete già un filmato, salvato nella memoria del dispositivo, andate nella galleria e tra le opzioni cliccate su "Condividi" (alcuni smartphone riportano il simbolo <, oppure un "Inoltra"). Selezionate ora l'icona di Facebook, e il gioco è fatto: vi si aprirà l'applicazione del social network, con l'ambiente che vi è già familiare.

Se volete girare un video completamente nuovo, utilizzate lo strumento messo a disposizione da Facebook stesso per gli smartphone. Nel solito spazio "A cosa stai pensando?", tra le tante opzioni disponibili c'è "Foto", caratterizzata dall'icona di una macchinetta fotografica, come mostrato in Figura 13.5.

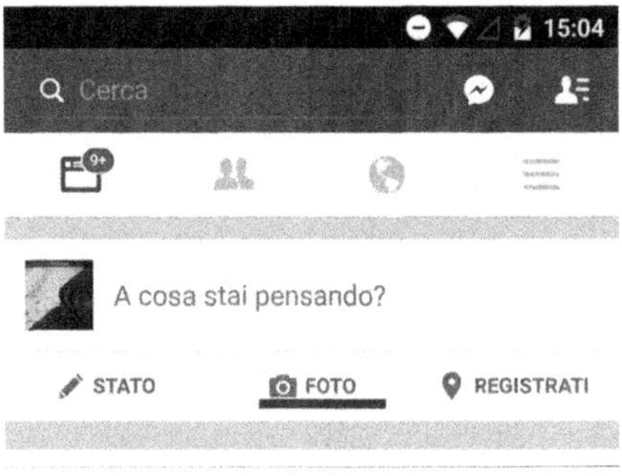

FIGURA 13.5 A cosa stai pensando?

Android vi mostrerà un'interfaccia grafica molto semplice, con un breve riepilogo della vostra galleria, con le icone della fotocamera e della videocamera in alto a destra. Premete sulla videocamera e non dovrete far altro che girare il video. Finito e salvato, in automatico si aprirà l'applicazione di Facebook per condividere il filmato (Figura 13.6).

iOS, come Android, vi aprirà davanti una schermata con il riepilogo della galleria; cliccate sul riquadro della videocamera posta prima di tutte le varie foto, e non dovrete fare altro che girare il video e postarlo.

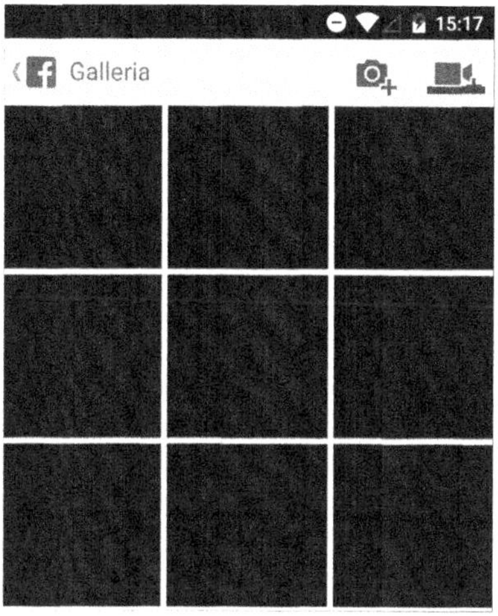

FIGURA 13.6 Girare un video, schermata Android.

Postare un video da computer

Può capitare alle volte però che si abbia l'esigenza di postare su Facebook un video presente sul nostro computer. Magari un video girato con la reflex durante le ultime vacanze, o fatto appositamente per il compleanno di un amico. Anche in questo caso il social network ci viene in aiuto con una grafica intuitiva e facile da usare. Sul vostro profilo, nello spazio "A cosa stai pensando?" cliccate su **Foto/video** (Figura 13.7) e, successivamente, su "Carica foto/video".

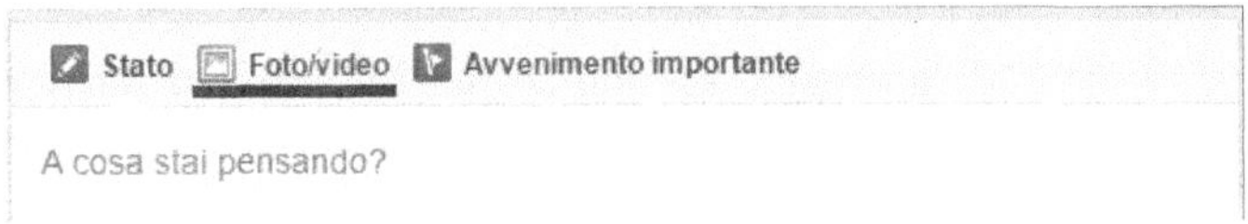

FIGURA 13.7 Postare un video.

Ora non dovete fare altro che selezionare il video tra le varie cartelle del vostro computer, aspettare che si carichi su Facebook e potrete condividerlo con tutti i contatti del vostro profilo.

PER I PIÙ CURIOSI

Quali formati video si possono caricare su Facebook? Vi consigliamo di usare il formato MP4 o MOV, ma di seguito trovate un elenco completo dei formati video che potete caricare sul social: 3g2 (video dal cellulare), 3gp (video dal cellulare), 3gpp (video dal cellulare), asf (Windows Media Video), avi (video AVI), dat (video MPEG), divx (video DIVX), dv (video DV), f4v (video Flash), flv (video Flash), m2ts (video M2TS), m4v (video MPEG-4), mkv (formato Matroska), mod (video MOD), mov (filmato QuickTime), mp4 (video MPEG-4), mpe (video MPEG), mpeg (video MPEG), mpeg4 (video MPEG-4), mpg (video MPEG), mts (video AVCHD), nsv (Video Nullsoft), ogm (Formato Ogg Media), ogv (formato Ogg Video), qt (QuickTime Movie), tod (Video TOD), ts (MPEG Transport Stream), vob (Video DVD), wmv (Windows Media Video).

Postare un video da YouTube su Facebook

In questo capitolo abbiamo studiato i due modi principali per caricare un video su Facebook:

- tramite altri siti, in particolare YouTube;
- caricandolo direttamente da dispositivo mobile/computer.

Diventano evidenti quindi le differenze grafiche che i due video mostrano, se nel primo caso infatti si tratta di un *collegamento* al video originale dal sito da cui l'abbiamo preso, nel secondo abbiamo un filmato caricato direttamente sui server di Facebook, integrato con la grafica del portale, e con tutto il flusso di notizie. Per riuscire ad aggirare almeno la questione della visualizzazione, c'è un tool semplicissimo da usare, YT2FB (Figura 13.8).

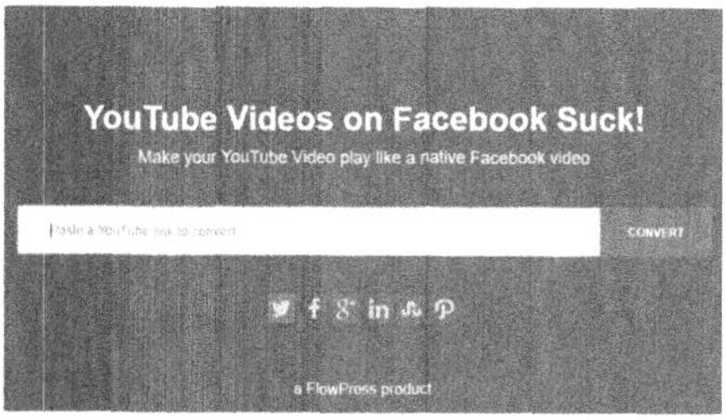

FIGURA 13.8 YT2FB (versione classic).

La prima cosa da fare è aprire il sito `http://yt2fb.com/classic/`, successivamente, andare su YouTube e copiare l'URL del video che vi interessa, come abbiamo imparato a fare nel paragrafo **Condividere un video.** A questo punto, incollate l'indirizzo nell'apposito spazio, e premete su "Convert". Per concludere l'operazione non vi resta che copiare il risultato che vi darà YT2FB nel solito spazio "A cosa stai pensando?", e pubblicare. Il risultato è nella Figura 13.9.

FIGURA 13.9 Un video condiviso attraverso YT2FB.

ATTENZIONE

Può succedere che un vostro video sia rimosso da Facebook. Perché? Può accadere nel caso sembri contenere materiale protetto da copyright di proprietà di terzi. Se pensate che Facebook abbia rimosso il video per errore, potete inviare una contronotifica seguendo il link fornito nell'e-mail di avviso. Se caricate di nuovo il video senza inviare una contronotifica o se caricate un altro video che viola i diritti di terze parti, Facebook potrebbe bloccare il vostro account in modo da impedire il caricamento dei video.

INTERVISTA A TOMMASO CALASCIBETTA

Tommaso Calascibetta lavora sul web e per il web da ancora prima di aver preso la patente. È studente di Lettere presso la facoltà di Lettere e Filosofia di Tor Vergata a Roma e collabora con diversi portali online. Tra questi BlogLive, network per il quale ha ricoperto anche il ruolo di editor su Blogdinnovazione e successivamente su Blog di Calcio. Ha scritto e pubblicato un racconto dal titolo *L'ho uccisa*.

Facebook è il social network più usato nel mondo, descrivicelo in tre parole.

Per me Facebook è community, condivisione e coerenza. Tre C, insomma, come quelle più famose del caffè napoletano. Ho detto "**community**" perché stiamo parlando di un miliardo di persone che, quotidianamente, mettono sul piatto qualcosa di loro. Che creano appunto **condivisione**: di idee, di sentimenti, di esperienze e di qualsiasi cosa passi loro per la testa. L'ultima parola è **coerenza** perché, al contrario di quanti molti pensano, su Facebook non ci sono solo idioti o solo geni. Ci siamo tutti. Se uno nella vita quotidiana è un tipo di persona, studiando il suo profilo si riesce a tracciarne un identikit piuttosto accurato.

Questo libro nasce per spiegare Facebook ai cosiddetti "dummies", tu da dove cominceresti?

Io partirei sicuramente dall'organizzazione del proprio account, con la pubblicazione di un'immagine del profilo chiara e con l'inseri-

(continua)

mento di informazioni quanto più limpide e veritiere. "Ha studiato presso l'Università della Vita" andava di moda il secolo scorso. E stilerei sicuramente un **galateo della condivisione**: padri di famiglia che condividono immagini poco carine con commenti non proprio aulici, o video di dubbia decenza, sicuramente non mettono in mostra il lato bello della loro persona. Infine, dedicherei uno due o tre capitoli ai tag, spiegando nel dettaglio che non basta scrivere il nome di una persona per taggarla oppure che non è proprio imprescindibile taggare i propri figli in tutti i post che si scrivono. Specie se sono più di 10 nell'arco di una serata con le amiche. Le foto o i video che mostrano i propri figli da piccini invece, quelli sì, li consiglio sempre. È bello sorridere riguardandoli, basta non esagerare.

Cosa pensi dei video?

Penso che i video siano il mezzo di comunicazione più diretto che abbiamo a disposizione, ancor più delle foto. Mark Zuckerberg questo l'ha capito molto presto e infatti gli ultimi aggiornamenti sono stati fondamentali per la gestione dei filmati. Basti pensare alla nuova veste grafica che hanno introdotto su mobile, al fatto che non serve nemmeno più cliccarci sopra per farli partire. Il messaggio dai piani alti è piuttosto chiaro: "Vi piacciono e l'abbiamo capito, ora guardateveli tutti!". Ultimamente, poi, le pagine nate con il solo scopo di condividere video sono tantissime, e il fenomeno delle video-ricette ne è l'esempio più nitido.

E cosa ne pensi di tutta quest'invasione di video?

Finché li vede mia madre e prende spunto per nuove ricette, va bene (ride, N.d.A.)! Tralasciando le battute, si tratta di una semplice moda passeggera. Ora vanno i video e le GIF. Una volta c'erano i pantaloni a zampa d'elefante e la serie *Baywatch*. L'unico rammarico è che mentre noi dobbiamo subirci centinaia di ricette o schiere di youtuber, i nostri fratelli maggiori si gustavano costumi rossi attillati. Passerà, prima o poi, e ci rimarrà solamente la parte più bella di tutto questo, e cioè la consapevolezza di avere in mano uno strumento potente. Specialmente per chi come noi punta a fare informazione e con i social ci lavora.

(continua)

In conclusione, che consiglio ti senti di dare a chi proprio non riesce a frenare la voglia di girare un video?

Usate un dispositivo adeguato. Non dico l'Ultra Panavision 70 di Tarantino, ma almeno uno smartphone con una fotocamera decente. E se nel video si vede lo zio brillo che balla in canotta, optate per un bel "Cestina" al posto di "Pubblica". Avete una famiglia. Entrambi.

IN QUESTO CAPITOLO

- Giochi
- Debugger per gli articoli
- Gestore delle pagine
- Facebook Groups
- Messenger
- Facebook Lite

Capitolo 14

Le applicazioni che semplificano la vita

Facebook si avvicina sempre di più alla **macchina perfetta** in grado di soddisfare i propri iscritti in qualsiasi situazione, non importa che si tratti di esigenze di business o dell'uso quotidiano che può farne l'utente medio, in cerca di svago attraverso gruppi, chat o giochi. Non c'è bisogno di uscire dal social blu e cercare altrove: la creatura di Mark Zuckerberg è un giardino recintato pieno di attrazioni. Un luna park dove divertirsi e divertire altri utenti con i nostri contenuti.

ATTENZIONE

Attenzione alle applicazioni sviluppate da terzi che si integrano con Facebook. All'inizio possono sembrare utilissime per ottimizzare la navigazione sul network, ma spesso e volentieri richiedono l'immissione di dati che serviranno successivamente a riempirvi la casella email di posta indesiderata.

Giochi

Dati alla mano, una delle attività che gli utenti praticano più frequentemente su Facebook è sicuramente giocare. Con gli anni, Zuckerberg ha integrato sulla sua piattaforma una serie di giochi e applicazioni per aumentare la permanenza sul suo sito e i risultati si vedono. Probabilmente avrete un amico che quotidianamente vi invia inviti a Candy Crush oppure a Battle Camp: c'è chi disabilita le notifiche e chi invece, incuriosito, decide di capirci qualcosa di più. Se vi ritrovate nel secondo gruppo, effettuato l'accesso con il vostro account, non dovete far altro che andare nel menu "Applicazioni" (Figura 14.1) che come ormai saprete è quello a sinistra nella home (quello dove ci sono anche i gruppi, le pagine e gli eventi, per capirci).

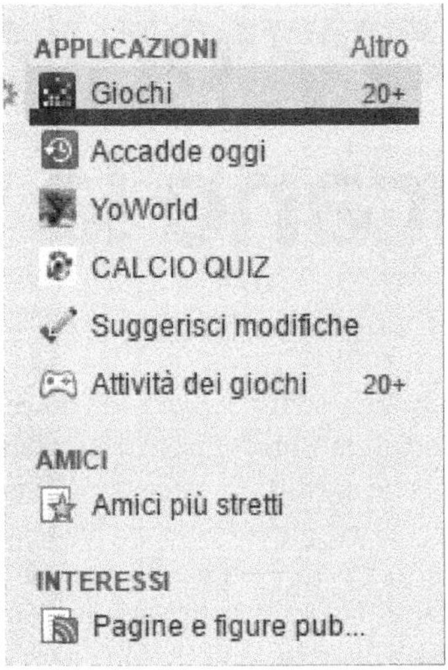

FIGURA 14.1 Menu "Applicazioni".

Se l'icona "Giochi" è già presente tra le vostre scelte consigliate, non dovete far altro che cliccarci sopra. Altrimenti premete su "Altro" e vi apparirà una nuova pagina con l'elenco completo delle applicazioni, tra le quali anche quella che stiamo cercando, come in Figura 14.2.

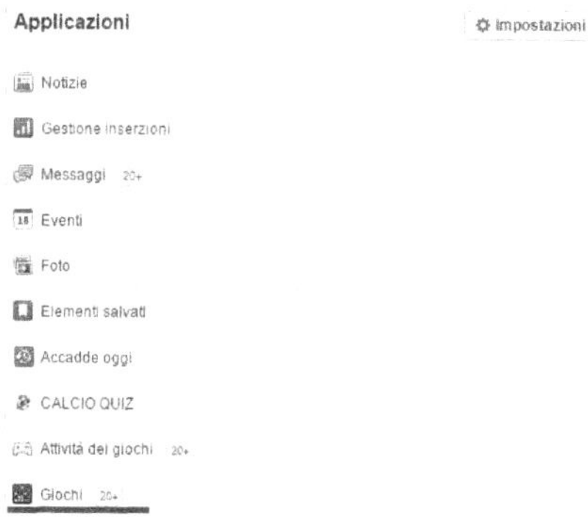

FIGURA 14.2
I giochi.

A questo punto siamo quasi arrivati alla fine: una volta cliccato su "Giochi", vi si aprirà una schermata contenente i giochi classificati per tipologia, in base ai vostri gusti e alle tendenze del momento. Sceglietene uno, e divertitevi, con moderazione.

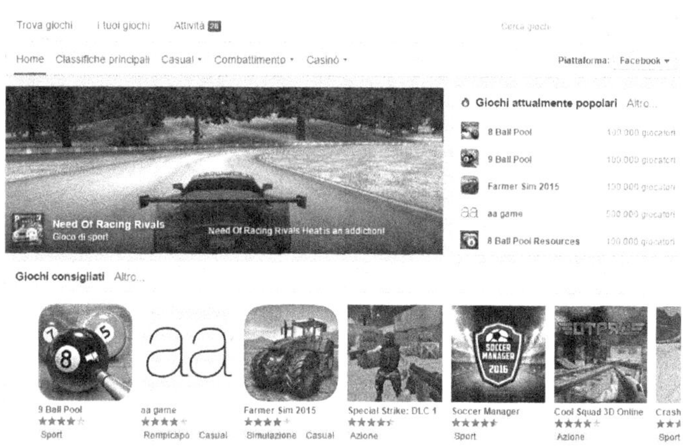

FIGURA 14.3
Need Of Racing Rivals.

CONSIGLIO

Disabilitate le notifiche ai vostri amici relative ai vostri giochi e applicazioni preferite. Disabilitatele o controllate le impostazioni dell'applicazione prima di cominciare a utilizzarla, così da non annoiare nessuno e non fare brutte figure. Spesso tali notifiche generano anche un post pubblico sul vostro profilo personale, accessibile anche a chi non è vostro amico. Non è vostro interesse far sapere a chi non vi conosce la vostra mania per uno dei giochi più popolari dentro Facebook, credeteci.

Debugger per gli articoli

Uno strumento sicuramente più utile dei giochi di cui sopra, specialmente per chi ha un sito, un blog o scrive articoli per il web, è il debugger. Capita spesso che, copiando e incollando un indirizzo web (URL) sulla nostra bacheca, per condividere un contenuto, nell'anteprima e poi nel post vero e proprio manchi qualcosa (solitamente l'immagine promozionale). Il debugger di Facebook (Figura 14.4), in pochi semplici passaggi, risolve il problema e permette una condivisione ottimale.

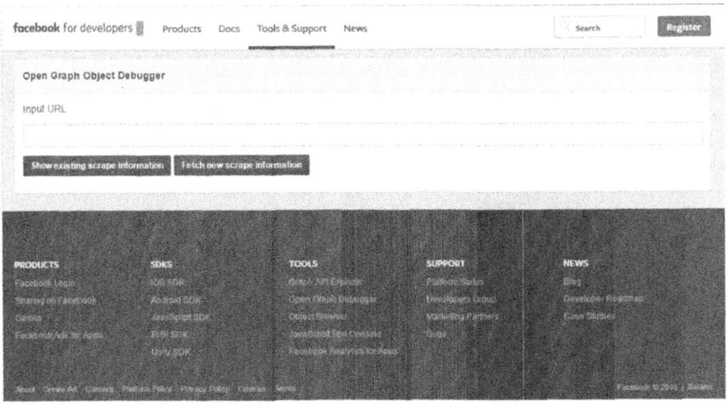

FIGURA 14.4 Il debugger.

RICORDA!

Un debugger è software progettato per individuare ed eliminare gli errori di funzionamento di un sistema o di un programma.

Questo utilissimo strumento si trova nella sezione "Tools & Support" di Facebook per sviluppatori, facilmente raggiungibile a questo link: `https://developers.facebook.com/tools/debug/og/object/`.

Per prima cosa, andate sulla pagina che vi interessa controllare e copiatene l'URL, come abbiamo imparato nel Capitolo 13 per la condivisione dei video. Successivamente incollatelo nell'apposita barra del debugger, e premete i pulsanti:

- Show existing scrape information;
- Fetch new scrape information.

Il risultato che otterrete è quello riportato nella Figura 14.5.

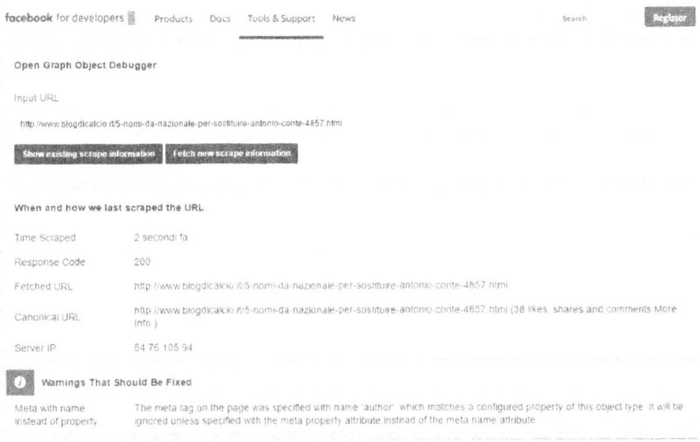

FIGURA 14.5 Il debugging è stato eseguito.

A questo punto, il vostro link sarà ripulito e fresco: condividetelo pure su Facebook senza alcun problema.

CONSIGLIO

Se siete dei professionisti della scrittura ricordate che da aprile 2016 sono disponibili per tutti gli **Instant Articles**. Si tratta di un modo per leggere gli articoli di alcune testate editoriali, tra cui anche il vostro sito o blog se lo vorrete, direttamente dalla app mobile di Facebook. Questa funzione promette un caricamento di pagina 10 volte più veloce rispetto alla pagina visitata sul sito originale. Il vantaggio per voi è un lettore in più, anche se avrete una visualizzazione in meno sul vostro sito.

Gestore delle pagine

L'argomento pagine è stato già affrontato nel corso del manuale. In queste poche righe vi suggeriamo uno strumento davvero utile per gestirle al meglio. Si tratta dell'applicazione ufficiale "Gestore delle Pagine" (Figura 14.6) distribuita direttamente da Facebook, e scaricabile sui maggiori negozi di applicazioni. Una volta scaricata, non dovete fare altro che collegare il vostro account e avrete nel giro di un click tutte le vostre pagine a disposizione sullo smartphone (Figura 14.7), per pubblicare contenuti, rispondere a messaggi o commenti e per controllare le statistiche quando lo vorrete.

FIGURA 14.6 Applicazione su Play Store.

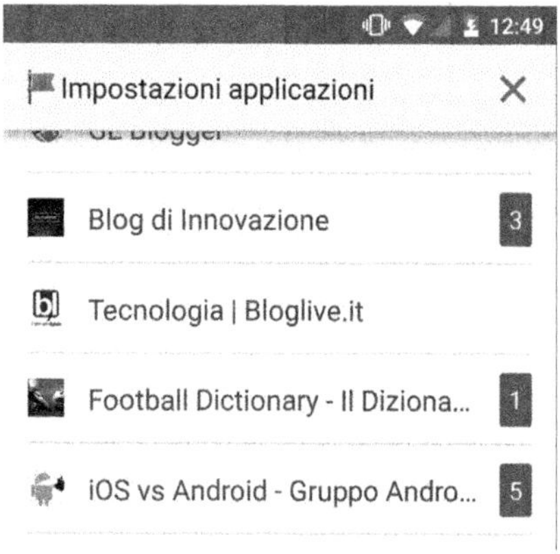

FIGURA 14.7 Elenco delle Pagine.

Facebook Groups

Di questa applicazione abbiamo già parlato nel capitolo sui gruppi, punti di ritrovo per le vecchie classi del liceo, per gli amici di una vita, o vere e proprie community, nate dall'interesse comune degli utenti per un determinato argomento. Anche in questo caso il caro Mark ci viene quindi in aiuto con uno strumento creato *ad hoc*: Facebook Groups (Figura 14.8) è un'applicazione scaricabile gratuitamente (proprio come Gestore delle Pagine) che consente di tenere sotto controllo tutti i gruppi dei quali siete amministratori o semplici membri, grazie a una grafica molto intuitiva e alle notifiche (Figura 14.9), che vi permetteranno di non perdere nemmeno un aggiornamento. Per approfondimenti vi consigliamo di rileggere la sezione relativa nel Capitolo 7.

FIGURA 14.8 Facebook Groups su Play Store.

FIGURA 14.9 Notifiche su Facebook Groups.

Messenger

La chat è sicuramente uno degli strumenti principali dell'intera piattaforma e Facebook ha pensato di scorporarla dall'applicazione principale, creandone una dedicata. Per questo motivo una applicazione che non può mancare nel vostro corredo social è Messenger. Cresciuta nel tempo, oggi Messenger è una vera e propria applicazione di messaggistica istantanea al pari di WhatsApp, ottimizzata per i vostri account. Tra le funzionalità più recenti c'è la sincronizzazione con la vostra rubrica per una migliore gestione dei contatti.

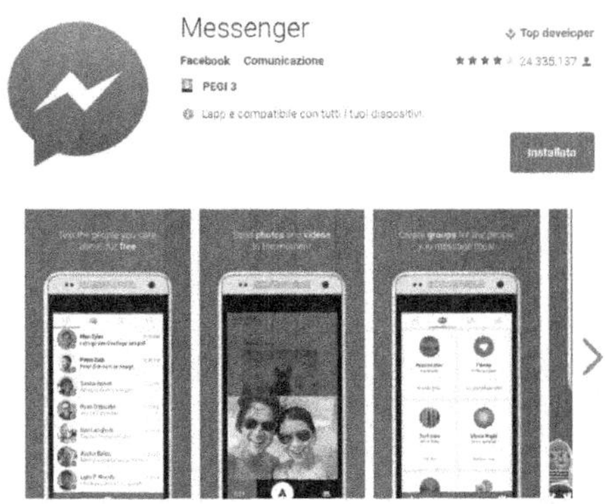

FIGURA 14.10 Messenger sul Play Store.

RICORDA!

Se un giorno Facebook vi proporrà di diventare amici di un contatto che avete da poco aggiunto nella vostra rubrica telefonica, non meravigliatevi. Utilizzando Messenger avete accettato che Facebook potesse conoscere i numeri in rubrica. Facebook usa queste informazioni per confrontarle con i numeri di telefono di chi è già iscritto al network con quel numero tra le informazioni personali e vi propone i loro profili pensando di farvi un favore.

Facebook Lite

Non tutti ovviamente possiedono lo smartphone all'ultimo grido o il cosiddetto top di gamma: in questi casi può capitare che l'applicazione di Facebook sia lenta o, nella peggiore delle ipotesi, non funzioni nemmeno. Per ovviare a questo problema è stata rilasciata l'applicazione Facebook Lite (Figura 14.11), ottimizzata per i dispositivi più economici o con qualche anno alle spalle, che consente a tutti gli utenti di usufruire delle funzionalità del loro social network preferito. Grazie a Facebook Lite potrete gestire:

- notifiche;
- chat;
- richieste di amicizia;
- aggiornamenti di stato.

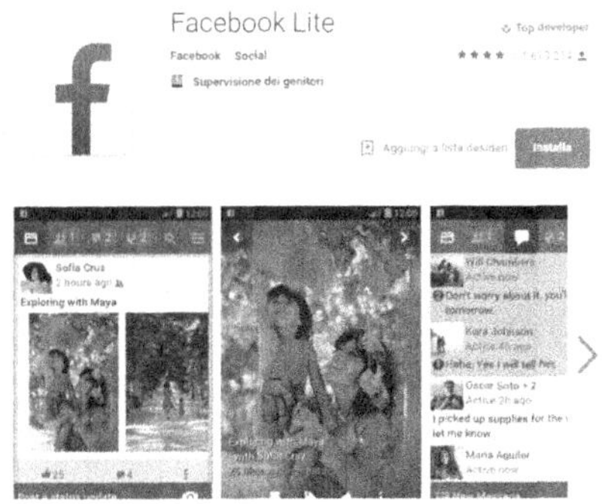

FIGURA 14.11 Facebook Lite sul Play Store.

Troverete tutto quello che vi serve con una grafica semplificata, ma che non trascura assolutamente gli standard di Facebook. Può essere un valido supporto nel caso in cui sappiate di dover passare del tempo in condizioni di limitato accesso alla rete, per mancanza di segnale 3G-4G o in paesi dove anche il wi-fi può essere limitato.

PER I PIÙ CURIOSI

Tra le caratteristiche di Facebook Lite ci sono il peso inferiore a 1 MB, un basso consumo di dati e l'ottimizzazione per reti 2G e zone con connettività di rete limitata.

IN QUESTO CAPITOLO

Capire cosa sono le tab

Aggiungere tab e applicazioni

Il mancato rinnovo delle tab

Le tab gratuite

Creare un invito all'azione

Capitolo 15

Una pagina più ricca con tab e applicazioni

Le tab sono pagine di atterraggio presenti sulle pagine ufficiali, i cui collegamenti si trovano immediatamente sotto l'immagine di copertina. Facebook rende disponibili per tutti alcune sezioni comuni standard, che possono essere personalizzate in base all'obiettivo che vorrete raggiungere con la vostra strategia di comunicazione. Le tab possono contenere applicazioni utili a coinvolgere gli utenti e creare con loro un legame che va oltre il semplice "Mi piace" al prodotto.

CONSIGLIO

Se state per creare la pagina fan per un prodotto a tiratura limitata, prevedete una tab attraverso la quale solo chi ha messo "Mi piace" sulla pagina possa accedere al relativo sito di e-commerce.

Aggiungere tab e applicazioni

Facebook vi permette di aggiungere tab e applicazioni in pratica per qualsiasi esigenza. Questo è uno dei pochi modi con cui rendere veramente personalizzata una pagina, considerando che tutti gli altri elementi sono standard e uguali per ogni utente e pagina.

RICORDA!

Vengono visualizzate massimo 3 tab sulla sinistra della pagina e massimo 5 sotto la foto copertina delle pagine fan.

Vediamo ora quali sono le applicazioni pratiche più utili di questo strumento:

- **Social RSS:** nasce con lo scopo di poter inserire tutti i feed RSS tra le fonti e dar loro la diffusione che si desidera; sebbene le note siano facili da gestire, attraverso un feed RSS è possibile dare maggiore visibilità al vostro blog.
- **SlideShare:** se la vostra azienda prende parte a numerose conferenze o fa un uso pubblico di presentazioni per promuovere i propri servizi, SlideShare vi aiuterà a diffondere la vostra expertise. Collegate la pagina Facebook aziendale alle presentazioni caricate su SlideShare.
- **Twitter:** è possibile collegare i due social network e far sì che i contenuti postati su uno vengano pubblicati automaticamente anche sull'altro; se invece si desidera fare una scrematura, è possibile utilizzare filtri e permettere la pubblicazione simultanea solo di alcuni contenuti.
- **YouTube:** il canale ufficiale di un'azienda può essere collegato alla pagina Facebook per fare sì che gli utenti visualizzino più facilmente i video presenti su YouTube, anche se vi consigliamo di caricarli direttamente su Facebook, per avere più visualizzazioni.
- **Instagram:** il collegamento tra i due social facilita la visione dei contenuti pubblicati su Instagram, evitando l'obbligo di accedervi.
- **Newsletter:** permette agli utenti di lasciare la propria e-mail ed essere informati su tutte le novità dell'azienda, associando un modulo di iscrizione creato con un servizio esterno, come MailChimp.

PER I PIÙ CURIOSI

Volete collegare fra di loro le vostre applicazioni preferite? Andate sul sito `http://www.ifttt.com` e create la vostra ricetta personalizzata. Questo servizio automatizza dei processi, mettendo in comunicazione due diversi servizi web, tra centinaia di associazioni possibili (le ricette di cui sopra), così da svolgere funzioni ripetitive senza dover far nulla, se non loggarsi ai diversi servizi che vorrete mettere in comunicazione.

Un esempio virtuoso è la pagina Facebook del Manchester United (Figura 15.1): cliccate sul bottone "Altro" appena sotto l'immagine di copertina e vi verranno mostrate tutte le applicazioni create (oltre alle 3 visibili sulla sinistra della pagina): ognuna mira ad aumentare il coinvolgimento degli utenti della pagina.

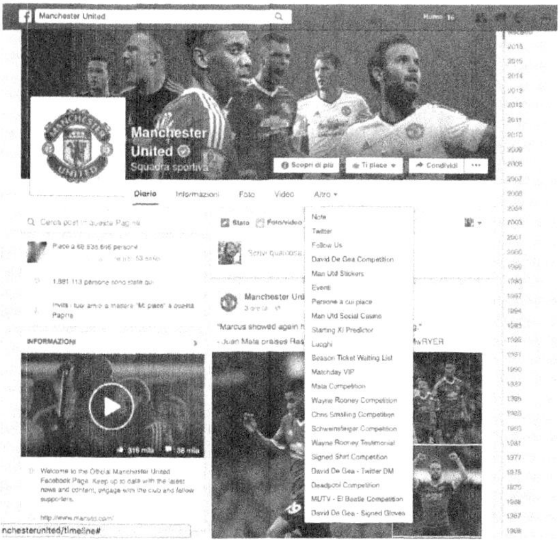

FIGURA 15.1 Le applicazioni della pagina fan del Manchester United.

Il gioco è una cosa seria da quelle parti! Nonostante i quasi 70 milioni di "social-tifosi", la squadra inglese non perde occasione di stimolare i suoi fan: le attività sono tantissime e vanno dallo scaricare gratuitamente gli adesivi della squadra a "Indovina l'11 titolare" passando per iniziative speciali e giochi a premio che permettono di vincere biglietti e gadget.

Prima dell'avvento di Facebook, per perseguire gli obiettivi di creazione di valore verso un bene/servizio, ne si aumentava il consumo a volume e la ripetizione d'acquisto tramite le popolari **raccolte punti**.

Mulino Bianco e Divella, per esempio, hanno tratto parte del loro successo da questa tattica. Tramite la collezione delle prove d'acquisto presenti su ogni pacco di biscotti o merendine su una scheda bianca numerata, i consumatori avrebbero ottenuto giocattoli, articoli per la casa o per la persona. Le raccolte punti venivano promosse presso i supermercati, luoghi esclusivi di aggregazione e consumo fino a pochi anni fa.

Oggi il tempo dedicato fisicamente all'acquisto è diminuito: siamo sempre più connessi e sempre più a lungo. Le aziende si sono adeguate all'avvento del commercio online e Divella, per esempio, informa degli sviluppi dell'attuale raccolta punti attraverso una tab della sua pagina fan (Figura 15.2).

FIGURA 15.2 La tab raccolta punti di Divella.

Un altro esempio lo offre Mulino Bianco, che ha creato una tab *ad hoc*, sulla propria pagina Facebook, per la festa della mamma 2016.

Dalla tab si apre un'applicazione che invoglia gli utenti a condividere un pacchetto di Batticuori, i frollini al cioccolato a forma di cuore, sulla bacheca Facebook delle loro mamme tramite l'applicazione "Dillo con il Cuore Auguri Mamma" (Figura 15.3).

FIGURA 15.3 La tab dell'applicazione "Dillo con il Cuore Auguri Mamma".

La condivisione social di un pacchetto di biscotti personalizzato per la mamma è di per sé un modo originale di celebrare la festa con un click. Ma la strategia di Mulino Bianco non si ferma qui.

Con qualche minuto in più a disposizione, in maniera del tutto gratuita potete fare ancora qualcosa: cliccando sull'icona col disegno delle forbici "Stampa e costruisci" ottenete un file in formato PDF che, una volta stampato, ritagliato e applicato su un pacchetto di Batticuori acquistato al supermercato, rende reale questo pensiero per la festa della mamma.

Mancato rinnovo delle tab

Coinvolgere gli utenti con iniziative e applicazioni sempre nuove è una prerogativa di poche pagine, che riescono così ad aumentare il tempo che gli utenti trascorrono su di esse. Usare le tab può essere, però, un'arma a doppio taglio, come nel caso dell'AS Roma.

L'AS Roma è la terza squadra di calcio in Italia per numero di fan su Facebook e la quarta in assoluto se consideriamo il suo engagement complessivo sui social; durante i 7 giorni che precedono ogni evento sportivo cui la squadra partecipa, realizza campagne d'impatto e sempre diverse che incontrano grande favore da parte dei tifosi.

Per esempio, dopo l'evento calcistico domenicale sulla pagina vengono pubblicati contenuti informativi e di aggiornamento: attraverso tali post, la relazione fra la squadra e il tifoso non si limita al match domenicale, ma si prolunga nei giorni successivi, alimentata da "Mi piace", reaction, commenti e condivisioni.

Sulla pagina ufficiale di AS Roma, che ha superato i 7 milioni di fan, ci sono tre tab cliccabili sulla sinistra:

- Stadio della Roma;
- AS Roma Store;
- Roma History.

Ognuna è intesa alla conversione dell'imbuto del commercio elettronico e ha come scopo la realizzazione di vendite aggiuntive di biglietti e divise da gioco.

Nonostante i contenuti della pagina siano di valore e aggiornati continuamente, l'imbuto di conversione dalla pagina Facebook, oggi di maggiore visibilità rispetto al sito Internet, incontra l'ostacolo di una tab non rinnovata (Figura 15.4).

FIGURA 15.4 La scheda scaduta relativa allo store online AS Roma.

La tab in figura non è la sola a versare in queste condizioni: anche le tab "Stadio della Roma" e "Roma History" mancano di contenuti.

Creare contenuti di valore, investire per realizzare tab di successo, chiamarsi AS Roma ed essere riconosciuti da tutti, per poi non poter convertire tutta questa social-seduzione dell'utente in ricavi, è un peccato capitale di marketing e comunicazione.

ATTENZIONE

Se state pensando di realizzare una tab Facebook, assicuratevi di aggiornarla: evitate di farvi cogliere alla sprovvista e di disperdere tutti gli sforzi fatti in sede di creazione di contenuti.

Vediamo adesso come creare una tab gratuita.

Tab gratuita: i 2 strumenti per iniziare

Iniziare con le tab può essere un po' difficoltoso per chi è alle prime armi.

Ecco quali sono i servizi che vi permettono di iniziare a utilizzarle:

- **Pagemodo:** è un servizio che consente di creare e gestire pagine o singole schede attraverso modelli predefiniti, temi personalizzabili e un'infinità di funzionalità diverse. Il piano gratuito permette di gestire una scheda in una pagina, ma, se si desiderano prestazioni maggiori, è possibile scegliere diversi abbonamenti mensili il cui costo minimo è 6 $ al mese.
- **Woobox:** offre nella versione gratuita 6 tab divise tra 4 tab tradizionali (come quelle che abbiamo già visto per Twitter, Instagram, Pinterest e YouTube) e 2 tab ad alto coinvolgimento (come quelle del gioco a premi e del club privato di fan), senza limiti di pagine e numero di fan. Con 30 $ al mese avrete a disposizione, oltre alle 6 tab di base, un considerevole bouquet di applicazioni in più, tra cui quelle per il couponing, la creazione quiz e i questionari.

A parte Pagemodo e Woobox, che sono i principali e i più usati partner delle pagine fan con tab per i social e per Facebook in particolare, vi consigliamo di visitare anche le pagine di questi "artigiani di tab", per avere una panoramica del mercato:

- Involver;
- Lujure;
- Static HTML iframe tabs;
- GroSocial.

Avventurarsi tra i professionisti del mondo delle tab richiede una certa conoscenza della materia e una certa spesa (e conoscere l'inglese): per capire se questi strumenti facciano al caso vostro, meglio sperimentare prima con i software gratuiti.

Creare un invito all'azione

Forse alla vostra pagina manca la spinta di una call to action efficace. Vediamo quindi insieme come invitare all'azione i vostri fan.

Una pagina fan completa e personalizzata in ogni aspetto prevede, oltre a una tab contenente un'applicazione nativa nella pagina, anche un bottone di invito all'azione cliccabile, nella parte bassa della foto copertina. Il bottone ha l'obiettivo di esortare l'utente a compiere un'azione-obiettivo, utile a creare un ponte ideale fra il fan e i gestori della pagina.

Vediamo come creare un invito all'azione in 3 semplici passi:

- **Passo 1:** dall'homepage della pagina Facebook della quale siete amministratori, cliccate sul bottone "Aggiungi pulsante" che si trova sulla foto copertina.

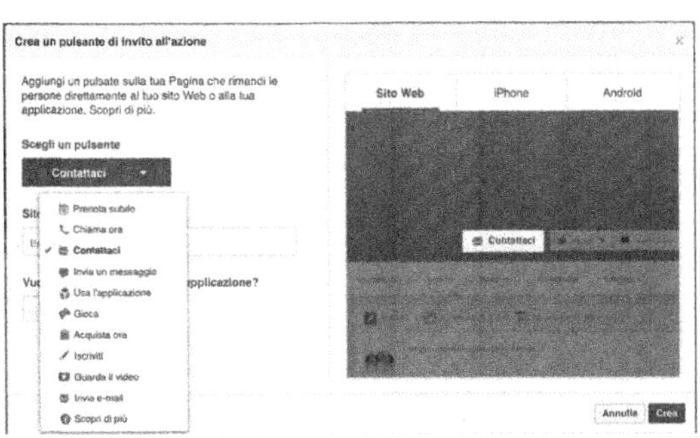

FIGURA 15.5 Come creare un invito all'azione.

» **Passo 2:** scegliete l'opzione che meglio esprime il vostro obiettivo tra quelle in Figura 15.5 e il gioco è fatto.

Se per esempio avete una piccola attività di commercio al dettaglio e volete spingere sulle consegne a domicilio, vi consigliamo di impostare il bottone "Chiama ora"; inserite il numero telefonico del locale e inizierete a ricevere chiamate dai vostri clienti.

» **Passo 3:** se volete cambiare invito all'azione, basta cliccare col tasto destro sul bottone in copertina e scegliere una delle opzioni in Figura 15.6.

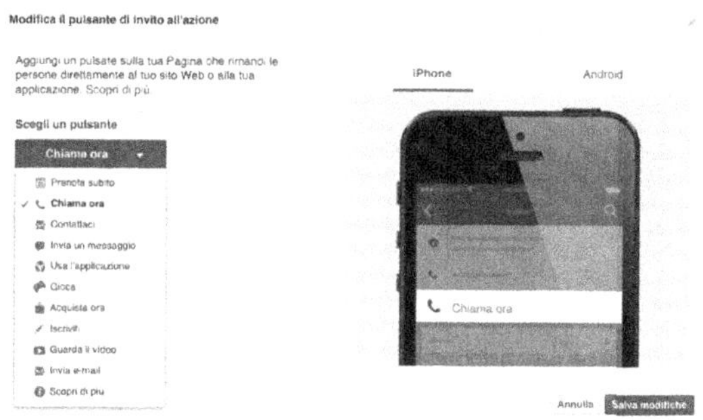

FIGURA 15.6 Come modificare un invito all'azione.

Come tutti gli elementi delle pagine, anche l'invito all'azione è provvisto di un contatore d'interazioni (i click effettuati sul bottone in copertina), mostrato nella Figura 15.7: potrete così sapere, dati alla mano, quanto è efficace la vostra call to action e se avete raggiunto o meno gli obiettivi che vi eravate prefissati.

FIGURA 15.7 Contatore di interazioni.

L'invito all'azione è un'opzione sponsorizzabile (Figura 15.8). Con un veloce click col tasto destro del mouse, potrete spingere il vostro pubblico a cliccare sull'invito all'azione: ridurrete così le distanze tra voi e gli utenti della vostra pagina.

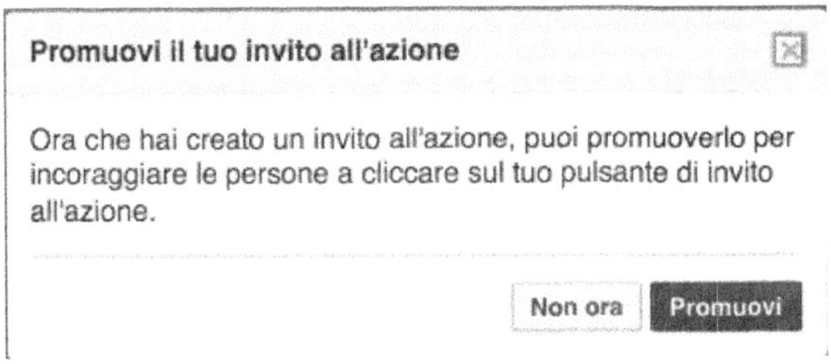

FIGURA 15.8 Sponsorizzare il bottone di invito all'azione.

Dal click alla vendita

In questo capitolo vi abbiamo guidato nel mondo delle tab, strumenti adatti a creare un legame tra la pagina e l'utente.

Arricchire la vostra pagina con delle tab vi porterà sicuramente un vantaggio competitivo nei confronti delle fan page simili alla vostra, ma fate attenzione a quale applicazione decidete di incorporare nelle tab.

Se commerciate beni di largo consumo, il vostro obiettivo è portare gli utenti da un supermercato routinario, grigio e freddo a una bella pagina, aggiornata e interattiva, con una grafica accattivante. Alcuni strumenti vi permetteranno di iniziare in modo gratuito: fatevi le ossa!

Se vi occupate di commercio elettronico, creare un negozio online tramite una tab è sicuramente un'ottima idea. Ma, attenzione: ottenere un click su un'applicazione non aggiornata equivale a buttare al vento tutti gli sforzi fatti.

Infine, l'invito all'azione vi permetterà di costruire un ponte ideale tra chi visita la vostra pagina e voi attraverso una telefonata, un messaggio o una e-mail.

IN QUESTO CAPITOLO

- WhatsApp
- Instagram
- LinkedIn
- Twitter
- Creare un invito all'azione

Capitolo 16

Servizi alternativi e complementari a Facebook

In Italia Facebook, come in gran parte del mondo esclusa la Cina, ha ottenuto e continua a ottenere un successo straordinario, con un primato non intaccato da nessun altro concorrente: circa 30 milioni di persone, cioè circa la metà degli abitanti del bel Paese, sono iscritte al social network e si collegano almeno una volta al mese (due terzi tutti i giorni).

Esistono tuttavia altri social e applicazioni che completano il quadro degli strumenti di comunicazione di cui possiamo disporre e che, sostanzialmente, permettono di ottimizzare alcune funzioni di Facebook.

ATTENZIONE

Come sottolineato già in altri punti, le app per cellulare cambiano a seconda del sistema operativo dello smartphone (Android, Windows Phone o iOs): quanto illustrato in questo capitolo fa riferimento alle app per un iPhone; se invece possedete un altro modello di smartphone vi basterà per "orientarvi". Questi software sono pensati per agevolare la vita dell'utente, non per complicarla.

WhatsApp

La più diffusa tra le piattaforme complementari è WhatsApp che, come probabilmente già sapete, è stata acquistata da Zuckerberg per 22 miliardi di dollari nel 2014: si tratta dell'applicazione che ha mandato in pensione gli SMS, riprendendone però la logica. WhatsApp si è ispirata alla loro immediatezza e li ha liberati dai limiti di spazio (160 caratteri) e dai costi, aggiungendo la multimedialità.

Che cosa serve per poter utilizzare questa applicazione? Uno smartphone e una connessione a Internet wi-fi o attraverso una SIM card. Una volta scaricata, cliccate sulla stellina dei favoriti e vi verranno mostrati i vostri contatti in rubrica che sono già iscritti.

FIGURA 16.1 I preferiti di WhatsApp.

Come Facebook, WhatsApp permette la creazione e la gestione di un profilo personale (Figura 16.2), al quale aggiungere la vostra foto e un breve messaggio personale. Se non avete voglia di compilare le informazioni, cliccate sull'opzione "Usa le tue informazioni di Facebook" e duplicherete la vostra identità in un tocco.

Jan Koum e Brian Acton, ex dipendenti di Yahoo! e fondatori di WhatsApp, spiegano così la loro creatura:

Quando nel 2009 ci siamo messi a tavolino per avviare la nostra azienda, volevamo fare qualcosa che non fosse semplicemente un altro punto di smistamento pubblicitario. Intendevamo investire il nostro tempo per creare un servizio che la gente volesse usare perché funzionava, un servizio

che consentisse di risparmiare soldi e che in qualche modo rendesse la vita della gente migliore.
Se fossimo riusciti a fornire tutti quei servizi, sapevamo che avremmo potuto far pagare le persone. Sapevamo che potevamo fare quello che la maggior parte delle persone cerca di fare ogni giorno: evitare la pubblicità.

WhatsApp ha cambiato il mercato delle telecomunicazioni partendo dal semplice presupposto che le persone amano comunicare tra loro (e ne hanno bisogno anche al di fuori delle mura domestiche) innovando, con l'aggiunta di emoticon, note vocali e possibilità di scambiarsi foto.

FIGURA 16.2 Il profilo personale di WhatsApp.

Il punto di contatto tra Facebook e WhatsApp è rappresentato dai gruppi, presenti su entrambi. La differenza sostanziale tra i gruppi WhatsApp e quelli Facebook è rappresentata dalle credenziali per diventare membro: per il primo il pre-requisito fondamentale è il possesso del numero di telefono univoco di un contatto, per il secondo è l'avere un profilo registrato sulla piattaforma.

Vediamo meglio come sono strutturati i gruppi su WhatsApp.

Gruppi WhatsApp

Come Facebook, anche WhatsApp vi permette di essere amministratori o partecipanti. Il "nome gruppo" può essere al massimo di 25 caratteri: lo spazio dello schermo di uno smartphone è limitato.

L'utilità di un gruppo WhatsApp consiste nel permettervi di comunicare con 255 persone, più voi ovviamente, nello stesso momento e su un determinato argomento/obiettivo e di aggiungere/rimuovere membri secondo il raggiungimento dello scopo del gruppo.

RICORDA!

Il numero massimo di membri di un gruppo WhatsApp è 256.

Note audio, foto, video e posizione GPS

Su Facebook non è possibile registrare la propria voce e condividerla come nota audio al posto di un aggiornamento: lo potete fare invece su WhatsApp, sia in una chat con un solo altro soggetto sia in un gruppo con più persone.

Su WhatsApp inoltre potete condividere foto e video, così come su Facebook. Sul social blu avete due possibilità: avvalervi di Messenger per scambiarvi tale materiale con singoli utenti o in gruppo oppure addirittura pubblicarlo e modulare la privacy per decidere a chi il contenuto debba essere visibile.

Chiamate WhatsApp

Ultima, ma non meno importante, è la chiamata tramite WhatsApp (solo audio). Per usufruirne basta che il chiamante e il chiamato dispongano di WhatsApp e che vi sia una connessione wi-fi o il traffico dati attivo. È possibile usare questa funzione anche verso numeri di cellulare al di fuori dell'Italia, ma solo se salvati con il prefisso internazionale del Paese straniero dove il contatto si trova.

Se volete tener traccia di tutte le vostre conversazioni WhatsApp, alla sinistra dell'icona a forma di stellina dei "Preferiti" ecco il registro chiamate (Figura 16.3) in cui troverete anche quelle perse.

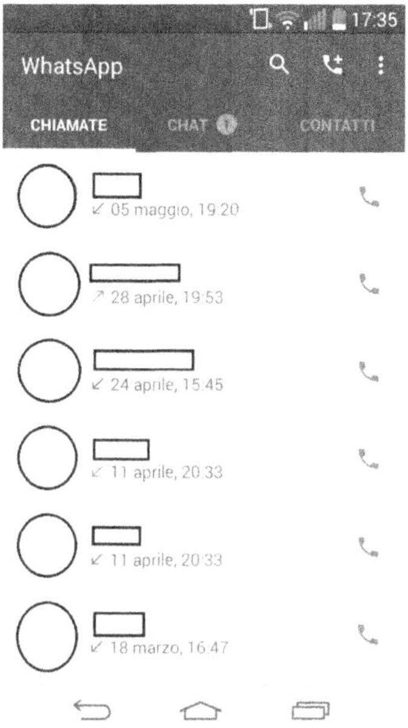

FIGURA 16.3 Il registro chiamate di WhatsApp.

Insomma, dopo aver mandato in pensione gli SMS, WhatsApp è pronto a mandare in soffitta anche le chiamate tradizionali assieme alle distanze fra i popoli. Ma ancora non vi permette di videochiamare...

Facebook Messenger e la video chiamata

In questo paragrafo vi ricordiamo che Facebook Messenger, oltre a fare tutto quello che fa WhatsApp senza il bisogno di conoscere un'informazione sensibile come il numero di cellulare, vi permette di videochiamare. Grazie a un'integrazione con Windows (già proprietario di Skype, antesignano delle videochiamate)

Facebook Messenger si presenta così, a nostro parere, come l'alternativa più potente a tutti gli altri servizi di chat, video-chat, scambio di file, emoji, foto, video e note audio.

Instagram

Parte dell'universo Facebook, da cui è stato acquisito nel settembre 2012 per circa 1 miliardo di dollari, Instagram è il riferimento per tutti gli amanti della fotografia. Come molti altri social network di successo, Instagram è nato per caso: in origine era una applicazione di geo-localizzazione chiamata Burbn che permetteva, come feature secondaria, di aggiungere foto ai dati in GPS di locali e hotel frequentati dagli utenti.

I due fondatori, Kevin Systrom e Mike Krieger, hanno notato che l'interesse degli utenti di Burbn era maggiore per le foto dei locali che ne mostravano i servizi in senso stretto che per i codici esanumerici delle posizioni GPS. Da qui l'intuizione: Instagram è il più veloce social network della storia a raggiungere i 100 milioni di utenti, impiegando soli due anni (per Facebook ce ne sono voluti 4).

Abbiamo detto molte volte che i contenuti seguiti da foto ricevono un'attenzione sei volte superiore rispetto a quelli solo testuali. Su Instagram le notizie non si leggono: si guardano e sono estemporanee; le parole fungono da mero contorno al contenuto: sono una didascalia in gergo tecnico e di fatto (si chiamano "caption").

ATTENZIONE

Non dimenticate che Instagram è nato per essere utilizzato da smartphone, dato che sottolinea ancora una volta la crescente importanza di questi dispositivi.

La forza di Instagram sta nella struttura del network che è visiva, aumentata dall'immediatezza del suo utilizzo in quanto fruita solo da smartphone.

CONSIGLIO

Per usare Instagram sul desktop, potete provare gratis Iconosquare, che permette di visualizzare e commentare le foto postate dai vostri amici, ma anche di scoprire nuovi utenti, sfogliare le immagini presenti su Instagram in base agli hashtag che presentano e molto altro ancora. Non è possibile il caricamento di foto.

Nel mondo, "il social delle foto" conta 400 milioni di utenti attivi al mese. Di questi, 9 milioni sono in Italia, cifra che corrisponde al 30% di iscritti a Facebook nel nostro Paese. Zuckerberg spinge per l'integrazione tra i due e si stima che, in futuro, i due social potranno avere lo stesso numero di utenti in Italia.

Il volano del successo di Instagram è senza dubbio la facilità di utilizzo e la sua estrema intuitività: con un cuore rosso è possibile indicare il "Mi piace", mentre un'icona a forma di fumetto permette di commentare (Figura 16.4).

FIGURA 16.4 L'interazione con un post di Instagram.

PER I PIÙ CURIOSI

La differenza tra Instagram e Facebook è rappresentata dall'impossibilità di condividere un post altrui che ci ha coinvolto. Esistono però alcune applicazioni esterne che ci consentono di "repostare", cioè di condividere una foto sul nostro profilo attribuendone la paternità, come vogliono il buonsenso e la netiquette. Una di queste è Repost App (Figure 16.5 e 16.6), caratterizzata da una icona azzurra. Che aspettate a scaricarla?

FIGURA 16.5 Scegliete un post che vi ha colpito....

FIGURA 16.6 ... e condividetelo su Instagram grazie a Repost App.

Tutte queste caratteristiche rendono Instagram la miglior vetrina virtuale per ogni azienda, grande o piccola che sia. I post riescono a soddisfare un duplice obiettivo: tenere aggiornato il proprio catalogo di prodotti e informare i clienti delle offerte. Ma non solo: attraverso questo social potrete raccontare la vostra azienda fin dietro le quinte e potrete portare i vostri fan a sbirciare nel backstage della vostra attività.

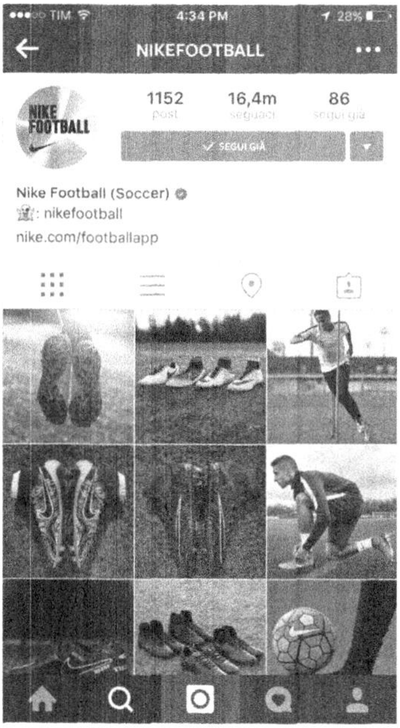

FIGURA 16.7 La pagina Instagram di Nike Football, che ha più di 16 milioni di "seguaci".

LinkedIn

LinkedIn è un altro social network gratuito (con servizi opzionali a pagamento), impiegato per la gestione e lo sviluppo di contatti in ambito professionale. La rete di LinkedIn ha raggiunto i 400 milioni di iscritti nel 2015. È diffuso in tutti i continenti e cresce a una velocità di 1 milione di nuovi iscritti alla settimana.

LinkedIn è il luogo dove professionisti e aziende si incontrano, dove chi ha talento e chi di talento è alla ricerca si ammiccano, si scambiano un saluto e magari, alla fine, si conoscono. Anche su questo network c'è da curare un profilo personale, al quale assegnare una foto profilo e una foto copertina di massimo 1400x900 pixel. La scheda informativa che compilerete sarà fondamentale per guidare i vostri futuri contatti nella ricerca che li porterà fino a voi. Tale ricerca può essere effettuata secondo gli atenei che avete frequentato, il nome dell'azienda nella quale lavorate, la professione che svolgete o per competenze confermate da altri utenti del network (Figura 16.8): quest'ultimo è il più forte effetto di raccomandazione sulla piattaforma!

FIGURA 16.8 La conferma di competenze di LinkedIn.

Per entrare in LinkedIn, inserite questo indirizzo nella barra di ricerca del vostro browser: "`https://it.linkedin.com/`" e iniziate a creare il vostro profilo.

Il punto fondamentale da cui iniziare, per quanto scontato possa sembrare, è che LinkedIn non è Facebook: evitate aggiornamenti troppo personali. In questo social le foto dei nipotini, dei gattini e dei pranzi della domenica, dei viaggi fatti o, peggio, considerazioni di tipo politico e religioso sono da evitare (non che su

Facebook tutto ciò sia indispensabile, anzi!).

Allo stesso modo, fate attenzione alla vostra foto profilo. Non vanno bene, per esempio, quelle in costume da bagno, sugli sci o scattate durante un barbecue in primavera. Evitate anche, e qui ci rivolgiamo agli uomini, di ritagliare vostra moglie dalla foto del matrimonio e postare la metà che vi ritrae, il riso nei capelli e un pezzo del velo della sposa sulla spalla. Inutile dire che in pochi assumerebbero una persona che non riescono a guardare negli occhi: sono quindi banditi gli scatti con gli occhiali da sole! La foto che farà al caso vostro ha uno sfondo neutro o al massimo vi vede nel vostro ambiente lavorativo. Il vostro viso sarà visibile in maniera chiara e indosserete dei capi che sì vi rispecchiano, ma formali. D'altra parte, andreste mai a un colloquio di lavoro in infradito?

Twitter

Il social del cinguettio ("to tweet" in inglese significa cinguettare) è quello più usato da personaggi famosi e politici per condividere brevi aggiornamenti sulle loro attività o dichiarazioni pubbliche. Balzato agli onori della cronaca dopo la Primavera araba, tra il 2010 e il 2011, come unico mezzo di comunicazione per aggregare i giovani rivoluzionari nordafricani, in Italia gode di alterne fortune.

La forza di Twitter rispetto a Facebook è stata fin dall'inizio la brevità: questa piattaforma ha sempre contemplato un massimo di 140 caratteri (ridotti a 118 in caso si inserisca un link o una immagine) per tweet (il modo con cui si chiama un post su Twitter). Twitter è popolato da VIP, blogger, giornalisti e opinion leader: è il social che più si presta a fare informazione e spesso viene usato da alcuni di questi come un vero e proprio ufficio stampa, oltre che come strumento per interagire con i fan (che in questo contesto prendono il nome di follower).

Da molti utenti viene anche usato come secondo schermo, in concomitanza con programmi televisivi particolarmente popolari: stesi sul divano, la sera, gli italiani amano commentare i loro format TV preferiti su Twitter, seguendo il profilo ufficiale della trasmissione, insieme agli altri utenti che twittano, usando un hashtag dedicato, per esempio #XF9 per l'ultima edizione del talent *X Factor*.

FIGURA 16.9 Un esempio d'interazione tra il programma di Rai Sport *Zona 11 p.m.* e i telespettatori.

Nel tempo, Twitter ha dovuto evolvere, per allinearsi agli altri social network e non perdere la presa sul proprio pubblico di oltre 300 milioni di utenti su scala globale: per questo ha iniziato a mostrare, senza bisogno di cliccare, foto, video e GIF animate.

Twitter resta il social network ideale per gestire un servizio clienti (Figura 16.10), qualunque sia la dimensione della vostra azienda, e aprire un nuovo canale di comunicazione, seguendo gli utenti sulle piattaforme che più preferiscono. Grazie a un cinguettio è possibile infatti chiudere un ticket di assistenza clienti in pochissimo tempo e molte aziende lo hanno capito bene, utilizzando piattaforme come Genesys, che unificano in un unico contact center le sollecitazioni dei clienti da telefono, Facebook, Twitter e altri punti di contatto.

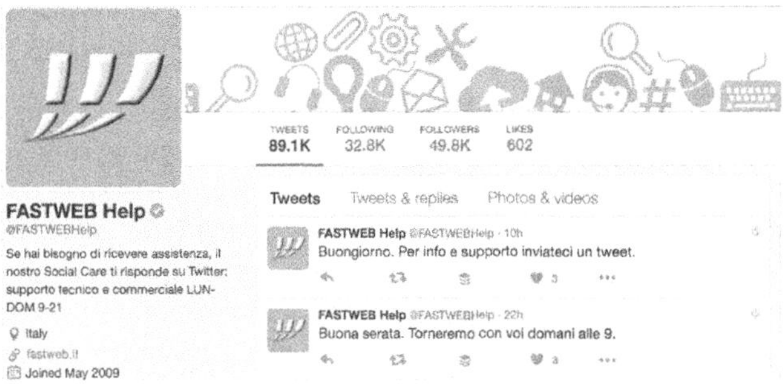

FIGURA 16.10 La pagina Twitter di @ FastwebHELP.

4
La sezione dei Dieci

IN QUESTA PARTE. . .

Troverete gli elementi che fanno la differenza per avere successo nel lungo termine, guardando oltre il quotidiano.

Vi offriremo alcuni consigli fondamentali per rendere più efficaci le vostre azioni di business così da raggiungere gli obiettivi più rapidamente.

Imparerete a evitare gli errori più comuni che gli utenti alle prime armi spesso commettono ingenuamente.

IN QUESTO CAPITOLO

- Non usare strumenti in maniera impropria
- Non sincronizzare piattaforme diverse tra loro
- Rubare è un'arte che si apprende
- Non si vive di solo Facebook
- Il galateo della rete non è solo cortesia

Capitolo 17

Dieci errori da evitare nel marketing su Facebook

Al termine della lettura di questo volume avete ora tutti gli elementi per usare Facebook in maniera consapevole e raggiungere gli obiettivi per potenziare il vostro business sul social web. Per non lasciare nulla al caso, vogliamo chiudere con alcuni consigli pratici da tenere sempre presenti per ottenere il massimo risultato, cominciando da dieci errori frequenti che potete evitare fin da subito.

Usare il profilo per promuovere il proprio business

L'errore più comune che ancora tanti utenti commettono è di usare un profilo personale al posto di una pagina ufficiale, per gestire la comunicazione e le relazioni con i propri clienti su Facebook. Sba-glia-to! Dovreste ormai avere ricevuto ragioni sufficienti per convertire il vostro profilo in pagina, ma considerando quanto sia importante agire in questa direzione, vogliamo ricordarvi tre semplici motivi per non perdere altro tempo:

- Il profilo personale non ha le statistiche di Facebook Insights. Come potrete misurare il ritorno sull'investimento fatto, in tempo e denaro, se non avete strumenti per valutare se gli sforzi profusi su Facebook hanno ottenuto o meno risultati? Tutti gli strumenti di marketing online sono e devono essere misurabili, altrimenti rischiate di investire risorse inutilmente.
- Una richiesta di amicizia è ben diversa da un "Mi piace". Lo sappiamo bene, con un profilo personale potete mantenere una relazione più intima con i vostri clienti e se il vostro è un business strettamente personale, fatto di relazioni, un profilo potrebbe essere più che sufficiente per gestire la vostra reputazione su Facebook. Se non è questo il caso, Facebook vi invita a usare una pagina, per evitare che le vostre amorevoli sollecitazioni finiscano per essere eccessive e spingere l'amico/cliente a segnalarvi a Facebook per il vostro eccesso di zelo. Aprire una pagina è un segno di rispetto verso i clienti, non di distacco.
- Con un profilo personale per la vostra azienda state violando le regole di Facebook! Quando vi iscrivete a Facebook dovete sottoscrivere i termini del servizio e le regole d'uso, dove è specificato cosa potete e non potete fare. Si tratta a tutti gli effetti di un contratto e in questo caso voi lo state violando. Nel caso più estremo, non certo impossibile, Facebook può decidere di rescindere il contratto con voi, cancellando tutti i vostri dati. Questa è l'ultima cosa che vorreste succeda, vanificando i vostri sforzi, mettendo in cattiva luce la vostra reputazione nei confronti del mercato e dei vostri clienti, che non vi troverebbero più da un giorno all'altro.

Violare il galateo della rete

Il sostantivo *netiquette* (crasi della parola inglese network, cioè rete, e della parola francese étiquette, cioè galateo) indica il complesso degli usi e dei comportamenti da adottare su tutti gli aggregatori virtuali come siti Internet, forum, blog e social network.

Per convivere civilmente nell'affollata piazza virtuale di Facebook è fondamentale seguire il social-galateo e fare sì che gli utenti lo rispettino sulle pagine che si amministrano: non trovate anche voi fastidiose le liti furibonde, gli insulti, le parolacce che si leggono troppo spesso sul social blu?

Uno dei primi assunti della netiquette riguarda la forma con la quale si scrive e il carattere usato. È buona norma, prima di premere il tasto "Invio" e condividere un aggiornamento di stato dal proprio smartphone, rileggere almeno tre volte: eviterete così refusi ed errori grammaticali che farebbero rigirare nella tomba Dante Alighieri. Allo stesso, modo fate attenzione all'utilizzo del maiuscolo: sul web equivale a gridare.

Evitate di fare spam, ovvero pubblicare sistematicamente su gruppi, pagine e bacheche di altri utenti contenuti non attinenti all'argomento della discussione, peggio ancora se di carattere promozionale.

Pubblicare in automatico su diversi social

Risparmiare tempo. Tutti lo vorremmo e tra gli strumenti ve ne abbiamo segnalato alcuni che servono anche a questo scopo. Per prendere due piccioni con una fava molti utenti sono tentati di pubblicare in automatico quanto postato su Facebook su altre piattaforme social, a partire da Twitter. Chi ama più Twitter di Facebook potrebbe analogamente essere tentato di fare l'opposto, ovvero di scrivere su Twitter e collegare la pagina Facebook agli aggiornamenti automatici provenienti da Twitter.

Niente di più deleterio e inutile. Perché? Ogni piattaforma ha il suo linguaggio.

Sincronizzare due diversi social network fa in modo di non dover aggiornare manualmente il secondo con lo stesso contenuto, ma permette di ottenere veramente pochi risultati. Da utenti attivi sia su Facebook sia su Twitter, ci capita ogni tanto di imbatterci in tweet (questo il nome dell'unità di contenuto su Twitter) che hanno un solo link, proveniente da Facebook, senza testo di accompagnamento. In genere si tratta di un utente che ha sincronizzato i due network e che ha appena pubblicato una nuova foto su Facebook senza alcun testo di accompagnamento. La stessa foto su Twitter non è immediatamente visibile, ma appare come un link da cliccare.

Quante probabilità ci sono che chi segue quel profilo su Twitter, con l'alternativa di cliccare e leggere altri testi, abbia veramente voglia di cliccare e vedere a cosa corrisponde quel link? La risposta è: poche o nessuna. Succede più spesso di quanto possiate immaginare.

Compiere la stessa operazione da Twitter verso Facebook è altrettanto controproducente. Su Facebook non vengono usati i simboli parte integrante del gergo di Twitter, come @; un tweet che appare su Facebook finirà per sembrare arabo a un utente che non conosce tale gergo.

In aggiunta, Facebook pesa meno i contenuti automatici provenienti da applicazioni terze rispetto ai contenuti pubblicati direttamente sulla piattaforma.

Ogni piattaforma ha una sua community, abituata a un certo tipo di linguaggio e specifiche modalità di interazione. Non tenerne conto significa vanificare l'obiettivo del risparmio di tempo, perché il risultato del risparmio è quasi zero. L'obiettivo a cui tendere è adattare il contenuto alle diverse piattaforme, pur partendo dalla stessa unità di informazione che vogliamo diffondere e promuovere sui social network. Un pannello di controllo unico, come Hootsuite, può essere la soluzione utile a gestire molteplici piattaforme in maniera più efficiente.

Lasciare gli aggiornamenti al caso o alla buona volontà

Essere professionali significa dotarsi di un modo di pensare diverso da quello del semplice utente. Non è una questione di tecnologia o di strumenti, senza dubbio utile, ma che viene dopo. Se non avete in mente una pianificazione, frutto della strategia e degli obiettivi che volete raggiungere con Facebook, le vostre buone intenzioni rischiano di naufragare dopo poche settimane, come i buoni propositi per l'anno nuovo. Non potete in alcun modo lasciare che gli aggiornamenti delle vostre pagine e i contenuti che avete deciso di pubblicare vadano online soltanto se non avete meglio da fare quella mattina o se la giornata comincia con un bel sole splendente. Ci vuole una organizzazione e un calendario può essere lo strumento giusto per mettere nero su bianco gli appuntamenti e i contenuti da pubblicare.

Più la vostra organizzazione diventa complessa, più avrete bisogno non soltanto di pianificare le attività da svolgere (anche se doveste avere soltanto una pagina da gestire e non altro), ma di definire chi fa cosa e con quale supporto da parte dell'azienda. Dovete pensarvi come un editore e alla vostra pagina Facebook come al vostro giornale. Un quotidiano ha una redazione che contribuisce a creare i contenuti, ha un direttore che li valida e li verifica e ha chi scrive gli articoli con la scadenza di doverli pubblicare il giorno dopo. Il vostro orizzonte non soffre degli stessi vincoli, perché probabilmente avete anche compiti da svolgere all'interno dell'azienda, ma ciò non significa che il tutto debba essere lasciato alla buona volontà dei singoli.

Pubblicare nel momento sbagliato

Avete creato una redazione motivata, deciso cosa pubblicare, creato contenuti con amore e passione e avete seguito tutte le regole perché riscuotano l'interesse e l'attenzione del vostro pubblico, ma arrivati esausti a fine giornata, li pubblicate all'istante. Errore! Non tutti i momenti sono gli stessi su Facebook, perché i vostri fan non sono sempre collegati, anche se passano molto del loro tempo libero (e non) sul network.

Il vostro obiettivo deve essere quello di massimizzare il coinvolgimento e il passaparola degli utenti che vi seguono. Più questo interesse si tradurrà in "Mi piace", condivisioni e commenti a poco tempo dalla pubblicazione, più l'algoritmo di Facebook considererà rilevante il contenuto che avete pubblicato e lo promuoverà sul flusso di un maggior numero di vostri fan, con un potenziale effetto valanga e un numero molto più elevato di visualizzazioni finali.

Dagli Insights, Facebook vi mostra, ora per ora, giorno per giorno, quanti sono i vostri fan che sono mediamente collegati e attivi. Concentrandovi nelle fasce orarie che emergono durante la giornata media, avrete più probabilità che un contenuto di qualità possa essere oggetto di una più estesa amplificazione con il passaparola. In genere i momenti della giornata con più utenti connessi sono le prime ore dell'orario d'ufficio, la pausa pranzo e il dopo cena. Valutate se queste sono le fasce più popolari anche per i vostri utenti e pubblicate di conseguenza.

Essere troppo pressanti

Per non tediare i vostri amici, evitate di condividere sul vostro profilo Facebook aggiornamenti di stato a getto continuo, magari mettendo troppo in primo piano dettagli non richiesti della vostra vita privata.

È pacifico che "chi condivide impera" e che chi non lo fa diventa un semplice spettatore, ma attenzione a non diventare un incubo per i vostri contatti: invadendo con i vostri post la loro timeline li sfinirete!

Certo avere qualcosa da dire è importante, specie se può risolvere un problema altrui: non c'è nulla di male nel pubblicare i post del vostro blog se possono essere utili ai vostri contatti, nel condividere un'esperienza negativa con un prodotto o servizio attraverso una recensione o nel raccontare quanto è bello il luogo che avete scelto come meta delle vostre vacanze. Ma se ogni due minuti postate un aggiornamento, specie se passate da un argomento a un altro con troppa disinvoltura, darete l'impressione di non curarvi davvero dei vostri contenuti e, di conseguenza, di chi vi legge.

Questo vale anche per le pagine che amministrate, tenetelo a mente. Provate a cominciare con due pubblicazioni al giorno: in questo modo darete anche il tempo al vostro pubblico di leggere, recepire e metabolizzare il contenuto. E, chiaramente, di interagire con questo.

Non fare attenzione ai commenti

Facebook, non dimenticatelo mai, è un social network, dove le persone scambiano messaggi e contenuti con altre persone. Non è un semplice canale unidirezionale dove diffondere il vostro messaggio, con un megafono o come se fosse il vostro piccolo giornale. Sfruttare l'opportunità di ascoltare i propri clienti appassionati e i clienti critici, se ce ne dovessero essere, è una occasione unica per conoscere qual è la percezione del mondo esterno verso l'azienda e come l'azienda può migliorare se stessa e i propri prodotti.

A tal proposito l'ascolto si misura nell'analisi dei commenti pubblici e dei messaggi privati. Se un utente aggiunge un commento a un vostro post, non solo dovete essere veloci nel leggerlo, ma dovreste dotarvi di una procedura perché lo stesso commento abbia una risposta adeguata, anche solo di ringraziamento in caso di apprezzamento. Più sarete in grado di gestire velocemente e in maniera efficace i casi più frequenti di interazione sulla vostra pagina, più otterrete risultati.

Ignorare un commento critico può costare molto caro. La maggioranza degli utenti, che si limita a leggere senza partecipare, vedrà la critica senza il vostro punto di vista in merito, ascoltando solo una campana, quella che vi mette in cattiva luce. Cancellare il commento non è una soluzione, a meno che questo violi le regole di buona educazione che avete dato a chi interagisce sulla vostra pagina.

Non essere legati al vostro business

Ve lo abbiamo consigliato noi, vero: non siate troppo autoreferenziali, non pubblicate soltanto contributi sul vostro prodotto, attraete l'attenzione del vostro pubblico con contenuti utili, originali, interessanti, selezionati tra quelli prodotti da altri utenti se necessario. Ciò non significa però che la vostra pagina non sia stata creata per raggiungere degli obiettivi di business a cui deve essere ricondotta, prima o poi.

Non è necessaria una svolta di 180 gradi rispetto alle scelte già fatte in precedenza. Ciò che serve è un'analisi sul contributo di Facebook rispetto alla strategia di comunicazione, di promozione e di marketing sui social network e sul web più in generale. Vendere su Facebook oggi non è facile e non dovrebbe essere la vostra priorità. Ciò che è possibile comunque estrarre è una community appassionata, da utilizzare per amplificare il passaparola sulle vostre attività, per migliorare la reputazione e l'autorevolezza della vostra azienda sul mercato, per aumentarne la visibilità complessiva o anche soltanto come strumento di business intelligence per capire meglio chi è il vostro cliente tipo, cosa ama e cosa gli interessa veramente. Non è poco, non credete?

Tutto ciò significa che una parte dei contenuti dovrebbe essere pubblicata con questi obiettivi a monte. Fate una ricognizione degli ultimi 50 post pubblicati e analizzateli con questa ottica. Se meno del 10% risponde a uno di questi obiettivi, ripensate il mix di contenuti del vostro calendario editoriale.

Rubate come un artista

Imparando da Austin Kleon, autore di *Ruba come un artista* (Antonio Vallardi Editore), citare i grandi autori su Facebook – che si tratti di personaggi pubblici o di aziende cambia poco – è una pratica comune. Molto spesso dietro queste frasi si nascondono motti che diventano distintivi della propria identità online o che, comunque, creano interesse tra i propri contatti. Ciò che non va assolutamente fatto è riprendere un contenuto altrui, senza citare la fonte. Questa avvertenza è sempre valida, qualsiasi sia l'oggetto e il formato della citazione, inclusi l'articolo di un giornale o di un blog.

Dimenticarsi, nella migliore delle ipotesi, può far pensare che avete agito per semplice fretta o noncuranza, o peggio che vi stiate approfittando del lavoro di qualcun altro, senza riconoscergli il giusto credito. Al contrario, se la fonte è una persona, taggando l'autore potreste avviare una proficua conoscenza online, che potrebbe sfociare in una collaborazione. Se citate un altro soggetto con una pagina, consentirete agli autori di ricevere una notifica del vostro tag, che vi potrebbe fruttare una condivisione sulla stessa pagina o in ogni caso può far visualizzare i vostri contenuti a chi non vi conosceva già, soprattutto se chi è citato è un soggetto più grande e con più "Mi piace" di voi.

ATTENZIONE

Citare la fonte con un tag è buona cosa, ma non fatelo in maniera impropria. Inserite il tag nel testo e non nell'eventuale immagine, a meno che il soggetto citato sia presente dentro l'immagine stessa.

Essere attivi soltanto su Facebook

Abbiamo un scritto un libro intero per il marketing su Facebook, ma questo non significa che tutte le risorse per promuovere la vostra attività debbano essere indirizzate solo e soltanto su Facebook. Un sito Internet con il vostro nome a dominio è qualcosa che dovreste comunque avere, anche se la vostra attività fosse soltanto una pizzeria in un paese di provincia. Si possono creare siti e mantenerli con poche decine di euro l'anno e il vantaggio è di non legarvi mani e piedi a Facebook. Un investimento strategico deve essere diversificato, così da mettervi al riparo da eventuali rischi, anche se remoti.

Potrebbe succedere, senza che ne abbiate colpa, che la vostra pagina venga sospesa, che qualcuno vi rubi la password ed entri nel vostro profilo personale, togliendovi il controllo della pagina della vostra attività. Il supporto utenti di Facebook saprà in breve tempo recuperare i vostri dati, ma il processo potrebbe essere più lungo e più difficile di quanto immaginiate. Avere un ulteriore riferimento per i vostri clienti, a partire dalla modalità con la quale contattarvi, è semplicemente applicare il buon senso.

A tal proposito, è evidente per tutti gli utenti attivi da lungo tempo che l'interesse di chi usa Facebook per scopi di carattere business venga per terzo, dopo gli interessi degli utenti e dell'azienda Facebook, cosa più che legittima e aggiungeremmo naturale. Essere attivi solo su questa piattaforma può diventare un rischio nel lungo termine ed è bene rendersene conto il più presto possibile.

IN QUESTO CAPITOLO

Una policy per i commenti

L'amicizia va gestita con cura

L'obiettivo è il lungo termine

Il compleanno: un'occasione di relazione

Diversificare gli investimenti è saggio

Capitolo 18

Dieci consigli per essere più efficaci nel business

Decine di milioni sono le pagine attive su Facebook su scala globale. I contenuti pubblicati crescono a tal punto che ogni due anni ne produciamo tanti quanti quelli prodotti dall'umanità in tutti gli anni precedenti. In questo oceano di messaggi, la nostra attenzione e il nostro tempo restano beni limitati. Per essere incisivi, far sì che gli utenti si ricordino di noi e della nostra azienda, è necessario pensare attentamente a come i piccoli dettagli possano spesso fare la differenza nel raggiungere il risultato che ci siamo prefissati. Seguono dieci consigli utili per aumentare l'efficacia del vostro tempo passato su Facebook, con alcuni princìpi base da non dimenticare mai, pena il cadere rapidamente nel dimenticatoio.

La comunicazione va da persona a persona

Potete chiamarli come volete: fan, utenti, clienti. Ciò che restano, nel bene e nel male, sono persone. Il business che si affaccia su Facebook e sui social network non deve dimenticarlo mai. Comprendere questo aspetto, per niente secondario, significa tradurre questo concetto in azioni concrete quotidiane.

Un primo aspetto è il tono della conversazione. Gli amici si danno del tu e le persone sul social web, anche quando non si conoscono, tendono a darsi del tu, a mantenere un tono di conversazione informale, come avviene tra amici. Ci sono sempre le eccezioni, ma dare del tu non è maleducazione in questa piazza, anzi. Diventa un modo per ridurre la distanza, abbattere le barriere, stabilire subito un alto grado di intimità. Non ci sono titoli da interporre e atti di reverenza da espletare. I contenuti della vostra pagina, la segnalazione dell'evento aziendale finiscono nel flusso di contenuti dei vostri fan, tra la foto del figlio di un amico e il piatto della cena al ristorante. Perché dovrebbero interrompere l'atmosfera di questo flusso?

Una seconda implicazione è che le persone che conversano rispondono meglio a contenuti proposti in una chiave ludica, giocosa, divertente, rispetto ad altre forme con cui potreste promuovere lo stesso oggetto. Chi ha un prodotto che naturalmente si inserisce in questo contesto è indubbiamente favorito. Chi si trova nel caso opposto, può comunque usare Facebook per aprire un punto di contatto in più con il proprio pubblico, che apprezzerà certamente la possibilità di dialogare o di ritrovare un servizio che apprezza all'interno di Facebook, con le informazioni di contatto aggiornate e a portata di mano.

Comunicare da persona a persona non giustifica la creazione di un personaggio fittizio, a cui aprire un profilo personale per molestare le altre persone, con richieste di amicizia e condivisione di contenuti di carattere commerciale sulle bacheche personali. Tale comportamento, pur con tutta la buona fede che può essere data in molte occasioni, viola le regole di Facebook (le persone devono avere un nome e cognome vero) e come tale non possiamo accettarlo.

Conversare per hashtag

Gli hashtag, lo sapete, sono quelle parole o espressioni precedute dal simbolo # che tanto sono diffuse sui social media. Fatene un uso consapevole: gli hashtag sono infatti degli aggregatori semantici, delle etichette che servono a catalogare i vostri post per argomento, in modo che siano più facilmente reperibili nel flusso dei contenuti che affolla i social.

Se per esempio volete che il vostro post rientri tra quelli concernenti il cibo, metterete al termine dello stesso l'hashtag #food, in inglese. È un modo intelligente di connotare un contenuto, in modo che il lettore possa capire rapidamente di cosa state parlando.

Questo modo di strutturare i post è diventato popolare su social diversi, da Twitter a Facebook passando per Instagram. Tuttavia ogni social vi permette di perseguire un obiettivo diverso nel comunicare, e ha un suo linguaggio peculiare: scrivere su Facebook è diverso da scrivere su Twitter (anche per la differenza nel numero di caratteri a disposizione) o su Instagram, dove il testo è solo una breve didascalia che connota la foto.

Quindi #scrivere #così #su #Facebook #è #sbagliato #e #non #produce #alcun #effetto.

ATTENZIONE

Molti studi dimostrano come gli hashtag non siano particolarmente performanti su Facebook e anzi vengano recepiti dal lettore come una interruzione del flusso comunicativo: usateli all'inizio o alla fine del post, e con parsimonia.

Non dare spazio ai troll

Fin dalla prima era, Internet ha permesso a tutti di condividere la propria opinione, confrontarsi con altri utenti, dibattere qualsiasi argomento con chiunque. Con la nascita dei primi blog nascono gli articoli commentabili, abilitando per la prima volta un canale pubblico di ritorno per confrontarsi intorno a un tema, nella stessa pagina dove il tema viene trattato da un autore. Nello stesso momento i troll, individui che amano generare scompiglio pubblicando commenti critici, più o meno in tema e più o meno aggressivi, hanno visto nascere una fertile prateria dove scorazzare e divertirsi.

Prima o poi capita a tutti di attrarre l'attenzione di un troll, che lancia l'amo con un primo commento in cui cerca di mettervi in crisi o in cattiva luce, sperando che voi abbocchiate con una risposta stizzita e scocciata. Non fatelo! Un troll si alimenta della vostra attenzione e dell'astio o di altri sentimenti che è riuscito a generare in voi. Più voi cercate di avere l'ultima parola o di ragionare, più il troll continuerà a ribattere, non perdendo ogni occasione buona per aggiungere nuova legna al fuoco della discussione, cercando di esasperarla e di coinvolgere altri utenti.

In inglese si usa l'espressione "don't feed the troll", per significare che non bisogna dare da mangiare a questi utenti. Il cibo metaforico sono la vostra attenzione e i contenuti di risposta pubblica alle sue sollecitazioni. Quando un utente di questo tipo vi prende di mira, la reazione più indicata è ignorare il suo contributo. Su Facebook potete nasconderlo, così che nessuno veda più quel contributo, salvo chi l'ha pubblicato e i suoi amici, che penseranno che il commento è ancora online e visibile da parte di tutti gli utenti. Meno attenzione darete, più è facile che il troll si stanchi in fretta e cerchi di colpire qualche altro utente, meno controllato di quanto siete stati voi.

L'amicizia è una cosa seria

Su Facebook il concetto di amicizia è relativo. Per volontà di chi ha pensato questo social network, tutti i contatti del vostro profilo personale sono amici allo stesso livello. Non c'è differenza tra amici di lunga data, conoscenti, amici che avete di fatto perso di vista, amici che sarebbe più corretto chiamare colleghi o altro. L'unica cosa che può cambiare da parte vostra è l'inserimento di quest'ultimi in liste diverse, così da pubblicare contenuti con un livello di visibilità diverso a seconda delle liste che avete creato.

Se non potete limitare le richieste di amicizia che vi arrivano, ma solo decidere come gestirle, ciò che potete fare è limitare le richieste di amicizia inviate a terzi e farle precedere da un ragionamento e una regola di condotta che vi siete dati. Se una rete estesa può risultare utile in numerosi frangenti, è pur vero che collegarsi con perfetti sconosciuti può essere pericoloso. Alcuni soggetti creano profili personali fasulli, ma apparentemente verosimili, con lo scopo di collezionare informazioni personali su altri membri di Facebook, come la composizione della rete di amici, le abitudini sul tempo passato online e offline, i luoghi più frequentati, altri profili attivi con altri contenuti pubblici. Il tutto per creare una mappa di informazioni da utilizzare per rubare le identità a scopi fraudolenti. Può sembrare un rischio remoto, ma la verità è che casi simili sono all'ordine del giorno.

Se per recuperare la password della vostra email avete inserito il nome del vostro gatto o la marca della vostra automobile, chi è vostro amico potrà venire a conoscenza di queste informazioni senza neanche chiedervi la risposta: sarete voi a darla nella condivisione quotidiana di contenuti. Conoscere chi vi ha chiesto l'amicizia, e non concederla in mancanza di informazioni di base, è il modo migliore per evitare spiacevoli sorprese.

Giusta attenzione alla privacy

La privacy è un modo per proteggere chi ha qualcosa da nascondere. Quante volte vi è capitato di ascoltare questa argomentazione per motivare uno scarso interesse su questo tema? La nostra opinione è che la privacy è un bene che va tutelato, perché tutti abbiamo un qualcosa che non ci piacerebbe fosse messo in piazza, visibile liberamente a chiunque. *Perfetti sconosciuti*, film italiano di grande successo della stagione cinematografica 2015/2016, si basa sul gioco di leggere ad alta voce e ascoltare in vivavoce i messaggi in arrivo sugli smartphone di sette amici a cena insieme, con lo svelamento di piccoli e grandi segreti che ognuno celava nella propria vita privata, social network inclusi.

Controllate voi per primi il livello di privacy dei contenuti che pubblicate sul vostro profilo personale in maniera periodica, così da non correre rischi inutili dovuti alla disattenzione con cui probabilmente avete cominciato a usare Facebook. Tutelate la privacy di chi non può decidere in maniera autonoma, come i vostri figli, che probabilmente non ameranno che le proprie foto siano state condivise con il web intero quando non avrebbero forse voluto. Proteggete anche voi stessi, evitando di condividere informazioni che poco aggiungono alla vostra immagine pubblica, se non per essere usate un giorno contro di voi, da qualcuno che non è più vostro amico o da un malintenzionato.

Nello sviluppare contenuti per i vostri clienti, rispettate la loro privacy, limitandovi a chiedere le informazioni strettamente necessarie per offrire loro un servizio di eccellenza, senza andare oltre. Le aziende più rispettose sono quelle destinate a godere della maggiore fiducia sul mercato, vedrete.

La prima impressione è quella che conta

Le sollecitazioni che riceviamo quando navighiamo in rete sono tali e tante che la nostra soglia di attenzione si è mediamente ridotta a pochi minuti o secondi. Nell'arco di pochi secondi decidiamo, dopo aver cliccato su un link, se leggere o non leggere l'articolo, se salvarlo da qualche parte per leggerlo in un secondo momento, se aggiungere o rispondere a un commento che ci chiama in causa, se mettere "Mi piace" su una pagina che ha attratto la nostra attenzione, se condividere i nostri contatti per avere un contenuto extra, se partecipare o meno a un evento, se richiedere o meno un approfondimento su un prodotto lasciando la nostra email, se mettere subito nel carrello un prodotto o aspettare un altro momento.

Tutte queste sono decisioni che compiamo pensando poco, spesso distratti da un'altra sollecitazione, a cliccare, a leggere, a vedere un video, a rispondere a una notifica. Per questo la prima impressione che offriamo all'utente è decisiva per definire la percezione che avrà di noi e orientarlo nelle sue scelte. Il consiglio che vi diamo è di essere semplici e diretti nella comunicazione, evitando orpelli o giri di parole. Lo stesso vale per la comunicazione visiva e per la proposta grafica della vostra pagina (o profilo personale, se è parte di una strategia business). Meno è meglio. Gli utenti vi ringrazieranno per essere andati subito al punto e aver permesso loro di risparmiare tempo.

Buon compleanno!

Dale Carnegie, nel suo noto bestseller *Come trattare gli altri e farseli amici* (Bompiani), pubblicato per la prima volta nel 1936, suggerisce sette strategie per conquistare la fiducia del prossimo. Una di queste è ricordarsi del compleanno della persona e farle gli auguri. Può sembrare un suggerimento banale, ma vi assicuriamo che per molte persone ricevere gli auguri di buon compleanno è fonte di piacere e soddisfazione. Su Facebook adempiere a questo compito è forse fin troppo facile, ragion per cui fare solo gli auguri non basta.

Se Facebook pensa a segnalarvi chi compie gli anni ogni giorno e vi prepara uno spazio per inserire in due minuti un "Auguri!" sulla bacheca del vostro amico, voi dovete metterci del vostro. Unirvi al coro degli auguri è un modo per partecipare, certo, ma chi li riceve non farà molto caso a tutti gli auguri generici e banali che ha ricevuto, soprattutto se ha tanti amici molto attivi sul network. Il consiglio che vi diamo è di inviare un messaggio personale e privato e andare oltre il semplice "Tanti auguri", aggiungendo almeno tre righe in cui ricordare perché lui o lei sono a voi cari, inserendo un aneddoto del tempo passato insieme. Qualche minuto in più che darà i suoi frutti nel futuro, ne siamo certi. Il tutto dovrebbe essere pensato non come a una faccenda da spuntare dalla lista del giorno, ma come un modo autentico per rinsaldare un legame con una persona che per voi vale. Se l'amico non rientra in questa fattispecie, meglio astenersi.

Una policy per i commenti

Non accendete senza motivo discussioni tra utenti. Flame in inglese significa "fiamma" e fare flaming vuol dire quindi, letteralmente, infiammare una conversazione. Potreste finire per accendere un flame anche commentando in maniera polemica il contenuto di un personaggio pubblico con un seguito importante, generando una serie di botta e risposta tra utenti che, come un incendio, potrebbe propagarsi ad altri iscritti a Facebook, in un crescendo di toni esasperati e violenza verbale.

Per questa ragione, saggiamente, molte pagine si sono dotate di una tab contenente le regole di netiquette (Figura 18.1) che gli utenti devono rispettare quando interagiscono fra di loro e con il brand sullo spazio della pagina: in questo modo è più semplice per gli amministratori moderare le discussioni sul nascere, evitando che si infiammino e degenerino. Le marche attendiste, rispetto agli scambi troppo accesi di opinioni fra gli utenti, vengono percepite infatti negativamente. D'altra parte, voi lascereste mai due vostri amici accapigliarsi nel vostro salotto senza intervenire?

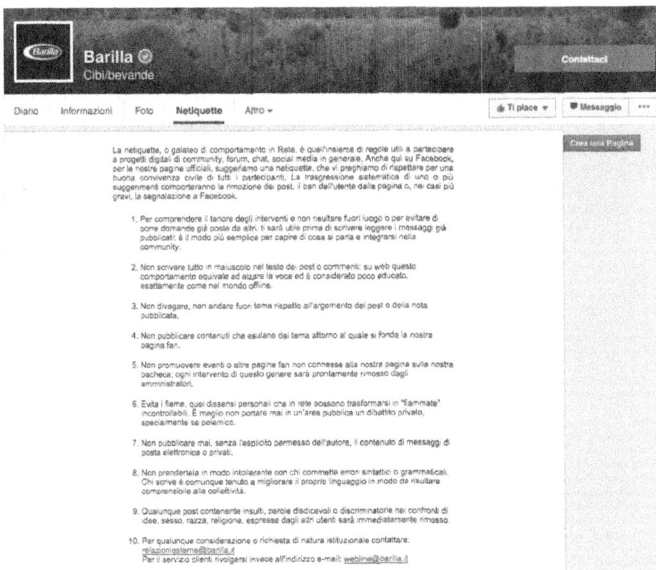

FIGURA 18.1 La netiquette di Barilla.

Chi va piano, va sano e va lontano

L'entusiasmo è alle stelle. State per finire la lettura di questo volume e non vedete l'ora di mettere in pratica tutti i nuovi consigli che avete appena ricevuto. Ci fa molto piacere, ma l'entusiasmo va moderato perché non si esaurisca in poco tempo. Facebook, come tutti i social network utilizzati con obiettivi di carattere business, offre il meglio di sé nel lungo termine. Dovete vedere i vostri sforzi come una lunga maratona che è appena iniziata, dopo che vi siete allenati a lungo e intensamente. Una partenza sprint ci può stare, ma non bruciate tutte le vostre energie nel primo chilometro, altrimenti rischiate di non arrivare al traguardo degli obiettivi che volete raggiungere.

Non vogliamo né scoraggiarvi, né sconsigliarvi di partecipare, anzi. Il nostro è un invito a pesare bene le energie a vostra disposizione, valutare come ricaricarvi durante il percorso, pensare a chi vi può supportare in questa sfida e quali alleati potrebbero renderla più piacevole e in discesa. L'andatura non conta, perché ciò che veramente importa è arrivare alla fine di questa corsa.

Calibrate quindi le vostre energie e non aspettate di avere un ritorno nel breve termine. Per questo probabilmente potreste usare altri strumenti di marketing, come Google AdWords e l'acquisto di parole chiave su Google per intercettare potenziali clienti quando stanno per comprare. La pubblicità su Facebook è da considerare come la borraccia piena di liquidi e minerali, utile a correre più veloci e a ottenere una prestazione migliore. Utilizzatela per campagne mirate e occasioni in cui il soccorso della pubblicità riduce temporaneamente la fatica lungo il percorso, consapevoli che probabilmente non avete risorse sufficienti per mantenere la leva pubblicitaria sempre attiva. In bocca al lupo!

Non rompere le uova nel paniere

Facebook è uno strumento meraviglioso per il marketing. Se la società ha superato nel 2016 i 300 miliardi di capitalizzazione alla borsa di New York, evidentemente non siamo gli unici a pensarlo. Detto questo, crediamo sia miope una strategia in cui tutte le vostre speranze, tutti i vostri investimenti digitali, tutte le vostre uova, siano solo e soltanto nel paniere di Facebook. Chi gestisce investimenti finanziari vi direbbe subito che state commettendo un errore. Diversificare è la regola base per migliorare i rendimenti del vostro investimento e, ancora più importante, minimizzare il rischio che qualcosa vada male e che il vostro investimento subisca una perdita imprevista.

Fuor di metafora, nel nostro contesto tutto ciò significa stare attenti a ciò che avviene fuori da Facebook e a cogliere eventuali opportunità che si possano presentare, sperimentando altre piattaforme promettenti, magari con un piccolo investimento o un test per sondare la reazione del pubblico e del mercato. Facebook è e sarà sempre più centrale nelle nostre vite digitali, che ci piaccia o meno, ma non significa che il suo dominio sarà eterno e totale. Lo stesso Facebook, nei suoi poco più di 10 anni di storia, ha fronteggiato diverse minacce, acquisendo potenziali concorrenti, come Instagram e WhatsApp, o startup con promettenti tecnologie che avrebbero potuto essere usate per potenziare un concorrente e renderlo più pericoloso. Alcuni hanno rifiutato le offerte di Facebook e oggi sono suoi concorrenti, come Twitter o Snapchat.

Un investimento lungimirante deve comprendere un sito web con un proprio dominio, a cui potete collegare il social network più in voga del momento, e un network di altre piattaforme social dove diffondere i vostri contenuti, raccogliere le opinioni dei vostri clienti e potenziali clienti, moltiplicando le opportunità di contatto e di ascolto.

IN QUESTO CAPITOLO

- Perché condividere online
- Il servizio clienti passa per Facebook
- Misurare i risultati raggiunti per migliorare
- Sbagliare si può, ma senza esagerare
- Il video e la realtà aumentata

Capitolo 19

Dieci elementi per il successo nel lungo termine

Seguire gli insegnamenti appresi nella lettura di questo volume è essenziale per avere successo nella fatica, nel tempo e nelle risorse economiche da investire su Facebook con l'obiettivo di ottenere un ritorno economico per la propria azienda o attività commerciale. Il lavoro vero comincia adesso e alcuni concetti sono da tenere sempre ben presenti, per non perdere la bussola immersi nella quotidianità e per tenere sempre la barra dritta verso gli obiettivi che vi siete dati. Un riepilogo dei dieci elementi chiave per il successo nel lungo termine può aiutare a fugare ogni dubbio.

Conoscere per capire

Avete letto tutto, anche le virgole, ma avete un profilo personale su Facebook con nome e cognome, con amici veri e con solo qualche contenuto pubblicato, seppur con le impostazioni della privacy che avete ritenuto più indicate alla vostra personalità? Se la risposta è no, il rischio è che la lettura di questo libro sia stata un bell'esercizio di cui vi siamo grati, ma inutile, purtroppo. I social network, Facebook incluso, vanno usati in prima persona per esserè compresi fino in fondo. Nessuno vi chiede di pubblicare la foto del vostro gatto, né di condividere la prima opinione che vi viene in mente sulla notizia del giorno, non è questo il punto.

Ciò che conta è sperimentare, almeno una volta ogni mese, le dinamiche che si instaurano nell'esperienza d'uso del social network, come quelle della condivisione o del rapporto tra amici sulla piattaforma, e che vi informiate sulle novità che Facebook aggiunge quasi ogni mese e sui nuovi servizi e applicazioni offerti agli utenti. Non dovete prenderlo come un compito da svolgere, ma come un modo per sporcarvi le mani e immedesimarvi nel vostro utente medio.

Il secondo aspetto, non meno importante, è che da fuori spesso non è facile capire. A volte dovremmo metterci dietro le spalle dei nostri figli o amici, per capire come lo strumento funziona e con che spirito viene usato. Se fino a ora avete guardato a Facebook come qualcosa di invadente e da tenere a distanza, non intendiamo farvi cambiare idea: ci siamo passati anche noi. Non correte però l'errore di equiparare ciò che avete provato con l'esperienza degli altri utenti: ognuno di noi è diverso e non sempre il nostro gusto corrisponde a quello della massa, per fortuna!

Sperimentare è il modo giusto per restare informati, durante l'uso, sulle ultime novità introdotte da Mark Zuckerberg, senza che qualcuno ve lo debba raccontare. Aggiornarsi è facile e nel capitolo introduttivo vi abbiamo segnalato qualche consiglio su come fare.

Per condividere c'è sempre un motivo

Il desiderio di condividere è qualcosa di innato nell'essere umano. Il modo con cui la nostra specie si è evoluta è passato per tentativi ed errori, apprendendo dall'esempio di altri, condividendo e confrontando la nostra esperienza con quella altrui. Su questo istinto Mark Zuckerberg ha creato una piattaforma che rende facile per tutti condividere qualsiasi cosa ci passi per la testa, in qualsiasi momento, quasi ovunque ci troviamo. Non sempre è un bene e ci sono utenti che abusano di questa opportunità.

Le ragioni principali che spingono un utente a condividere un'informazione trovata in rete, magari sulla vostra pagina, possono essere ricondotte a tre fattispecie. La prima è "aspirazionale": l'utente aspira a diventare come la persona protagonista di quel contenuto, perché ha potere, è ben vestita, appare bella o intelligente o per altre caratteristiche espresse dal contenuto. Condividere è come cominciare a essere la persona che l'utente vorrebbe diventare.

La seconda ragione è il divertimento. Un video è così divertente, un'immagine così istantaneamente buffa, un testo così simpaticamente sciocco che l'utente lo condivide senza neanche pensarci, quasi in automatico. Questo è il caso dei cosiddetti meme, quei contenuti che gli utenti diffondono perché irresistibili e a volte, ammettiamolo, quasi idioti.

La terza ragione è data dal dibattito che sono capaci di generare. In questa fattispecie rientrano le opinioni estreme, le campagne che suscitano indignazione o che dividono il pubblico, tra chi le ama e chi le odia. Parlarne bene o parlarne male non importa, purché se ne parli, direbbe qualcuno.

Dal punto di vista del business, questo desiderio di condividere può diventare una leva potentissima nel diffondere i vostri contenuti, a una frazione del costo dell'utilizzo dei media tradizionali, purché l'utente sia sufficientemente motivato a condividere.

Al servizio del cliente, sul serio

Aprire una pagina su Facebook significa partecipare, prendere parte alla grande conversazione, mettersi veramente al servizio del cliente. Ricevere un messaggio e non rispondere, stimolare commenti che non vengono presi in considerazione equivale a promuovere una linea telefonica per i propri clienti e lasciarla squillare a vuoto: spreco di energia, danno enorme di reputazione, clienti che si perdono. Su Facebook l'aggravante è data dal passaparola negativo. Se non rispondete a un commento, non perdete soltanto il cliente a cui non avete dato ascolto, ma rischiate di perdere anche tutti gli altri, molto più numerosi, che leggono e vedono che non siete ancora intervenuti!

Mettersi al servizio del cliente sui social network significa dotarsi di una struttura interna capace di pubblicare contenuti sì, ma anche di gestire i feedback dei propri fan, rispondendo in maniera tempestiva e accurata. Una pagina su Facebook crea un minimo livello di aspettativa nei confronti del cliente che andrebbe soddisfatto e superato, con un'attenzione capace di stupire. In questo modo, non solo avrete probabilmente fidelizzato un cliente a vita, ma avrete un testimonial in più, che parlerà della sua positiva esperienza a tutti i suoi amici, offline e online, contribuendo a rafforzare la vostra reputazione di azienda attenta e puntuale.

Ascoltare è gratis, o quasi

Spesso le aziende sottovalutano uno dei punti di forza dei social network in chiave business: la possibilità di ascoltare ciò che pensano i consumatori, senza filtro. Aprire una pagina su Facebook consente di facilitare l'espressione di tali opinioni sulla pagina stessa: un cliente particolarmente soddisfatto o un altro cliente con un problema non ancora risolto verranno sulla pagina per condividere la propria esperienza, cercando risposte o dando un apprezzamento spontaneo in pubblico.

Le aziende che non hanno esperienza in tal senso, reagiscono con preoccupazione alla prima eventualità. Non sarebbe meglio impedire che un utente ci critichi? Come potremmo bloccarlo o limitarlo? Le domande che dovremmo porci sono in realtà altre, visto che la critica nasce al 99% da un problema reale, che l'azienda dovrebbe forse già conoscere. Chiedetevi piuttosto: sareste in grado di gestire una crisi determinata da un utente più influente degli altri, insoddisfatto per il servizio che gli avete reso? Chiunque si esprima in pubblico dovrebbe essere pronto all'eventualità di ricevere critiche, più o meno fondate, e sapere come rispondere per trasformare un cliente deluso in un cliente felice.

Una pagina su Facebook, se funziona bene, è utile anche per calamitare le critiche, a cui sarete più preparati a rispondere rispetto all'eventualità che le stesse vengano mosse in altri spazi non vostri, dove è certamente più difficile intervenire e partecipare. Siate comunque consapevoli che Facebook non è l'unica piattaforma per condividere opinioni online. Twitter è altrettanto efficace nel rappresentare il dibattito pubblico globale intorno a qualsiasi tema, probabilmente anche verso i vostri prodotti e la vostra azienda. Utilizzate quindi strumenti appropriati per monitorare chi cita il vostro brand e in quale contesto, così da valutare se e come rispondere, ma soprattutto imparare qualcosa di nuovo su come siete percepiti.

CONSIGLIO

Google Alert è il servizio gratuito di Google che vi permette di ricevere una email ogni volta che Google indicizza un nuovo contenuto (pagina web, notizia, video) con le parole chiave che avete stabilito. Un primo passo, gratuito, per avviare un monitoraggio della vostra reputazione.

Non spegnere mai il motore

I social network sono un presidio che, una volta avviato, non deve essere mai abbandonato, per nessuna ragione. Nella peggiore delle ipotesi provvedete a ridurre l'impegno, se questo dovesse diventare insostenibile o se la strategia dovesse cambiare e preferite investimenti in altre piattaforme, ma non lasciate la vostra pagina alle ortiche. Non solo vanificherete il posizionamento raggiunto, ma se voleste un giorno ritornare sui vostri passi, dovreste letteralmente cominciare da capo, perché nel frattempo la vostra comunità di clienti appassionati si sarà trasferita altrove.

Non spegnere mai il motore significa anche calibrare lo sforzo rispetto alle energie che avete realmente a disposizione. Forse aggiornare la vostra pagina tutti i giorni, quattro volte al giorno per ognuno dei picchi di collegamento, potrebbe essere la soluzione auspicabile, ma potreste non avere le risorse sufficienti per produrre una mole tale di contenuti o più banalmente, per le dimensioni della vostra azienda, non avete personale sufficiente da dedicare allo scopo. In casi simili è preferibile partire con un investimento minimo, che cresce nel tempo se ci sono le condizioni perché questo accada. Evitate in tutti i modi di trovarvi nella situazione opposta, ovvero con una partenza a razzo e una frenata inevitabile dopo pochi mesi o settimane perché avete finito la benzina.

Misurare l'investimento è il modo migliore per non creare aspettative che non sarete in grado di soddisfare. Che l'aggiornamento sia giornaliero, plurigiornaliero o settimanale, l'importante è creare un'abitudine nel vostro pubblico, con contenuti di qualità, originali e di valore, che stimolino l'utente a tornare e ad aprire un canale di comunicazione con voi.

I clienti più fedeli vanno premiati

Internet e i social network non sono un mondo a parte. Chi ha studiato il marketing tradizionale o conosce un po' di psicologia e sociologia avrà già capito che le dinamiche che viviamo online sono le stesse della vita di tutti i giorni, anche prima dell'avvento della rete. Sono cambiati i tempi, la velocità di reazione, gli strumenti e le modalità con cui comunichiamo. Se un cliente soddisfatto aveva valore prima, oggi ne ha ancora di più, perché i social network gli permettono di condividere la sua soddisfazione con altri utenti, conosciuti o sconosciuti, amplificando n-volte il valore di questa soddisfazione in termini di attrazione di nuovi clienti.

I fan della vostra pagina Facebook (e tra questi quelli che pendono dalle vostre labbra e leggono e partecipano a ogni vostro nuovo contributo) dovrebbero diventare i vostri interlocutori privilegiati. Dovrebbero essere i primi a sapere del lancio di un nuovo prodotto, i primi a poter usufruire di sconti e offerte speciali, i primi a conoscere tutte le opportunità per entrare in contatto diretto con le persone dell'azienda e a esprimere la propria soddisfazione a tutta la rete. La pagina Facebook diventa così il club dei vostri migliori clienti (almeno di quelli attivi in rete e che hanno voglia, spontaneamente, di partecipare).

Premiare un cliente, in questo contesto, non è certo dargli una statuetta per cliente dell'anno o limitarvi a offrire sconti, cosa pur sempre apprezzata. Ciò che potete fare, a costi limitati oltretutto, è aprire l'azienda, mostrare il dietro le quinte, raccontare cosa c'è dietro il prodotto tanto amato, chi lo ha confezionato con cura, chi lo ha pensato e come. Tra dirette video live, clip video, gallerie fotografiche, note, le occasioni non mancheranno di certo. Il riconoscimento quindi non deve essere per forza monetario: sentirsi parte di un club esclusivo, seppur insieme a migliaia di persone, è comunque un grande riconoscimento per un cliente appassionato. Non dimenticatelo e coccolate i vostri clienti.

Misurare, misurare e ancora misurare

Uno dei punti di forza degli investimenti sui mezzi digitali rispetto a stampa, tv e radio o cartellonistica stradale, è che potete contare esattamente i risultati che avete ottenuto, monitorando molte diverse metriche. Su Facebook, con Insights, avete a disposizione un pannello di controllo dal quale osservare e analizzare l'andamento della vostra pagina, quali contenuti sono più apprezzati e condivisi, quanti click ha fruttato quella campagna pubblicitaria, perché quel video ha funzionato e l'altro no. Tutte queste informazioni sono fini a loro stesse se non sono collegate a un obiettivo di business preciso.

Il vostro obiettivo non è avere delle metriche sempre in crescita, ma far sì che Facebook contribuisca al raggiungimento degli obiettivi che vi siete preposti. In una strategia di inbound marketing, Facebook non necessariamente deve contribuire ad aumentare il fatturato in maniera diretta, ma può contribuire da un lato ad ampliare la vostra base di potenziali clienti, che entrano in contatto con voi diventando per prima cosa fan, dall'altro può assumere il ruolo di club esclusivo (vedi punto precedente), fidelizzando i clienti che avete già. Tutto dipende dalla strategia che vi siete dati prima di cominciare.

L'errore è umano, perseverare è pericoloso

Gli utenti dei social network sono persone come voi. Per questo non faticano a immedesimarsi nella persona che, con un cappello di una azienda o di una organizzazione, ha fatto un errore, pubblicando un contenuto inappropriato o rispondendo male a un utente. Ciò che conta, quando questo dovesse succedere, è ammettere l'errore, prendere i provvedimenti del caso, fare ammenda e non sbagliare più. Vedrete che gli utenti vi daranno il beneficio del dubbio e dimenticheranno in fretta quanto successo; anzi, in alcuni casi il vostro errore potrebbe darvi un tocco in più di umanità, che riduce la distanza tra l'azienda "entità astratta" e il cliente.

Un errore può succedere a tutti, ma non esagerate. Se avete risposto male a un utente o avete inavvertitamente cancellato un suo legittimo commento critico, non fatelo più. Imparate dai vostri errori, accogliete le critiche come occasioni per migliorare. Non cercate mai di nascondere la polvere sotto il tappeto, sperando che nessuno se ne accorga. In rete paga l'onestà e la trasparenza, insieme a tutti i comportamenti etici. Giocare sporco potrebbe darvi qualche vantaggio sul breve termine, che paghereste caro più avanti. Conosciamo così bene queste dinamiche da invitarvi a comportarvi nel modo più rispettoso dell'utente e di voi stessi. Per il vostro bene.

Più qualità e più pubblicità

Il volume dei contenuti pubblicati in rete cresce costantemente e Facebook ha tutto l'interesse a tirare fuori dal cilindro nuovi strumenti per stimolare gli utenti e le aziende a pubblicare sempre qualcosa di nuovo. Per emergere non ci sono scorciatoie, a meno che non abbiate un borsellino molto capiente e pesante.

La qualità è ciò che paga. Qualità è una foto originale, un video che va dritto al punto, un link a qualcosa di veramente utile o una nota approfondita scritta con passione e competenza. La cartina al tornasole della qualità è la reazione generata dagli utenti. Non aspettatevi applausi a scena aperta al primo contenuto di ottima qualità, ma abituate il pubblico a standard elevati: col tempo sarà in grado di apprezzarli, comparandoli al livello mediocre in cui tutti siamo immersi.

Non ci sono scorciatoie per accelerare la crescita di una pagina o raggiungere un pubblico più ampio per quel video a cui teniamo tantissimo, se non usare la leva pubblicitaria. Ciò è vero oggi e lo sarà ancor di più domani, quando Facebook deciderà di alzare l'asticella della (presunta) qualità e ridurrà la visibilità organica dei contenuti delle pagine verso i fan. Si tratta di un processo naturale, che accelera con la maturità del modello di business su Facebook, basato sulla pubblicità.

La pubblicità su Facebook è destinata a crescere, prendere nuove forme, offrire nuove opportunità, probabilmente anche sul piano degli spot video. In un futuro per nulla remoto, farsi largo su Facebook significherà investire in maniera crescente sulla pubblicità, pena la perdita di rilevanza. Una ragione in più per diversificare e mettere qualche uova anche in altri panieri, giusto?

Il video e la realtà virtuale

Non è una fissazione di Mark Zuckerberg, ma una tendenza globale quanto inarrestabile: gli utenti vogliono più video. YouTube ci ha aperto alla televisione gratuita su Internet, con qualche video pubblicato dagli utenti e tanti dietro le quinte televisivi e prodotti d'annata, ripubblicati online. Dalla pirateria è nata l'offerta di contenuti video legali in streaming a costi accessibili, con l'arrivo su scala globale di Netflix e dei suoi concorrenti. Poteva Facebook chiamarsi fuori? Ovviamente no, con un rilancio.

Facebook ha acquistato Oculus, una società nata con l'obiettivo di produrre dispositivi per fruire di video creati per la realtà virtuale. Mondi in cui immergersi con un visore speciale e navigare all'interno di un video girato a tale scopo. Fino a qualche anno fa poteva sembrare fantascienza, ma nel 2016 Oculus ha messo sul mercato i suoi primi visori, insieme ad altre aziende, e su Facebook sono apparsi i primi video a 360 gradi, termine con il quale si definiscono i video in cui l'utente può muoversi, appunto, a 360 gradi e vedere tutto quanto c'è intorno a lui.

I visori per navigare in questi filmati sono ancora troppo cari per diventare di massa, ma Mark Zuckerberg e molte aziende di tecnologia scommettono che sia solo una questione di tempo. Da parte nostra vi consigliamo vivamente di aumentare gli investimenti in contenuti video e di tenere d'occhio l'evoluzione di questo settore, per sperimentare produzioni *ad hoc* appena ci saranno le condizioni per farlo.

Finito di stampare nel mese di gennaio 2018
presso LegoDigit S.r.l., Lavis (Trento)